Snowboarding Guide to Ride

Danksagung

Für die freundliche Unterstützung bei der Arbeit an diesem Buch bedanke ich mich bei

- Florian Grähl von **Nitro** für die Bereitstellung des Snowboardmaterials und die Unterstützung der Foto- und Videoproduktion.
- José Navarro von **Nitro** für die Videoaufnahmen und sein Organisationstalent.
- Kim Kronester und Stefan Kappl für ihre inhaltlichen Anregungen sowie ihre Ausdauer bei der Demonstration der Fahrtechniken und Manöver.
- Marianne und Peter Fässler, José Fernandes und Michael Ritter für ihre Rückmeldungen, Bilder und Dokumente zur Geschichte des Snowboardens.
- Toni Jordan von **Ortovox** und Roland Ristig von **Backtools** für die Bereitstellung des Backcountry-Equipments.
- Mani Huther von **Dakine** für Tools & Backpacks.
- Michael Meister von **Falke** für „heiße Socken".
- Günter Oberhauser von den **Skiliftanlagen Warth & Schröcken** in Österreich für die Unterstützung der Fotoproduktion für die 2. Auflage dieses Buches.
- Sebastian Gogl vom **Snowboarder Monster Backside Magazin** für einige ergänzende Fotos.

Im Folgenden wird der Einfachheit halber einheitlich die männliche Anrede gewählt. Natürlich werden beide Geschlechter damit angesprochen.

Andreas Hebbel-Seeger

SNOWBOARDING

Guide to Ride

Meyer & Meyer Verlag

Snowboarding Guide to Ride

Bibliografische Information der Deutschen Bibliothek
Die Deutsche Bibliothek verzeichnet diese Publikation in der Deutschen
Nationalbibliografie; detaillierte bibliografische Details sind im Internet über
<http://dnb.ddb.de> abrufbar.

Alle Rechte, insbesondere das Recht der Vervielfältigung und Verbreitung sowie das
Recht der Übersetzung, vorbehalten. Kein Teil des Werkes darf in irgendeiner Form – durch
Fotokopie, Mikrofilm oder ein anderes Verfahren – ohne schriftliche Genehmigung des Verlages reproduziert oder unter Verwendung elektronischer Systeme verarbeitet, gespeichert,
vervielfältigt oder verbreitet werden.

© 2001 by Meyer & Meyer Verlag, Aachen
überarb. Neuauflage 2005
Adelaide, Auckland, Budapest, Graz, Johannesburg, New York,
Olten (CH), Oxford, Singapore, Toronto
Member of the World
Sportpublishers' Association (WSPA)
Druck und Bindung: Finidr s. r. o., ČeskýTěšín
ISBN 3-89899-070-2
www.m-m-sports.com
E-Mail: verlag@m-m-sports.com

INHALT

1	Editorial – die Faszination des Gleitens	7
2	History – zur Geschichte des Snowboardens	11
3	Equipment – Eigenschaften und Auswahl	27
3.1	Snowboard	27
3.1.1	Einsatzbereiche	27
3.1.2	Konstruktionsmerkmale	28
3.2	Boots & Bindungen	39
3.2.1	Hardbooteinheit	39
3.2.2	Softbooteinheit	43
3.2.3	Schuhauswahl	48
3.2.4	Bindungsmontage	49
3.3	Bekleidung	54
4	Crossover – alternative Bewegungserfahrungen nutzen	57
5	Warm-up – die richtige Vorbereitung	63
6	Performance – Snowboarden lernen und optimieren	73
6.1	Lerntheoretische Grundlagen	73
6.2	First Steps	75
6.2.1	Allgemeine Handhabung	76
6.2.2	In der Ebene, ein Fuß fixiert	78
6.2.3	Am flachen Hang, ein Fuß fixiert	79
6.2.4	In der Ebene, beide Füße fixiert	82
6.2.5	Am flachen Hang, beide Füße fixiert	93
6.2.6	Nutzung von Liftanlagen	100
6.3	High Performance	107
6.3.1	Das Schwingen mit Hochentlastung	108
6.3.2	Das Schwingen mit Tiefentlastung	108
6.3.3	Allgemeine Aspekte der Schwungsteuerung	110
6.3.4	Übungshilfen	111
6.3.5	Geländeangepasste Fahrtechnik	115
6.4	Air & Style	120

6 SNOWBOARDING

6.4.1	Tipps und Tricks	121
6.4.2	Springen	128
6.4.3	Halfpipe	137

7	**Backcountry – alpines Know-how und Lawinenkunde**	**141**
7.1	Die Gefahr von Lawinen	142
7.1.1	Schneedeckenstabilität	143
7.1.2	Auslösewahrscheinlichkeit	147
7.1.3	Europäische Lawinengefahrenskala	148
7.2	Risikomanagement	152
7.3	Sicherheitsausrüstung	154
7.4	Allgemeine Hinweise	157

8	**Contest – Snowboarden als Wettkampfsport**	**159**
8.1	Alpine Disziplinen	159
8.2	Boardercross	160
8.3	Halfpipe	162
8.4	Slope Style	163
8.5	Straight Jump	163

9	**Tuning – Reparatur und Boardpflege**	**165**
9.1	Das Kantenschleifen	166
9.2	Belagausbesserung	169
9.3	Wachsen	171

| **10** | **Lexikon – Snowboardfachbegriffe** | **175** |

Anhang		**179**
Literatur		179
Bildnachweis		182
Die interaktive CD-ROM zum Buch		183

1 EDITORIAL – DIE FASZINATION DES GLEITENS

Flow nennt es der amerikanische Psychologe Mihaly Csikszentmihalyi, wenn eine gelungene Bewegung das Gefühl des Glücks bis in die letzte Körperzelle trägt. Ein Gefühl, in dem das eigene Ich völlig aufgeht und das die Wahrnehmung von Zeit und Raum verzerrt.[1] Unendliches Dahingleiten oder das Überwinden der Schwerkraft im scheinbar nie enden wollenden Flug. Dies sind die Momente, welche die Faszination und die Sucht nach solchen Erlebnissen ausmachen. Sie sind es, die uns antreiben, immer neue Erfahrungswelten zu erschließen.

Dabei bleibt das Gefühl des Fließens, des Einsseins mit sich, der Bewegung und allem Umgebenden, nicht nur den Könnern vorbehalten. Schon beim Lernen neuer Bewegungsformen lassen sich anhaltende Augenblicke des Glücks bei gelungenen Versuchen erspüren. Es ist das Suchen und Finden von Bewegungen, die im Einklang stehen mit den eigenen Fähigkeiten und den äußeren Bedingungen.

Vielleicht liegt hierin ein Grund, warum so viele das Flowerlebnis in Sportarten wie Surfen, Skaten oder Snowboarden suchen. Spontaneität und Kreativität bilden hier die Eckwerte eines Selbstverständnisses, in dem für jeden genug Raum zum eigenen Experimentieren bleibt. Es geht nicht darum, festen Bewegungsvorgaben zu folgen. An die Stelle starrer Technikleitbilder, auf deren Basis die Bewertung von Bewegungsausführungen allein aus der Außensicht nach „richtig" oder „falsch" erfolgt, tritt die Idee eines funktionalen Tuns. Erlaubt ist, was zum Ziel führt. Dabei wird die Ästhetik der eigenen Bewegung von innen heraus erschlossen. Danach gilt als **schön**, wenn eine Bewegung als gelungen empfunden wird, wenn alles „glatt geht" und „rund gelaufen" ist. Und letztlich bewundert wiederum der Beobachter auch eben diese Reibungslosigkeit, wenn er gekonnte Bewegungen sieht.

Neben der Faszination, die der Anblick schneller Schwünge oder gekonnter Sprünge bietet, ist es vor allem der leichte Einstieg, die unkomplizierte Handhabung des Sportgeräts sowie das unbeschreibliche Gefühl, das sich beim Hinabgleiten eines schneebedeckten Hangs einstellt, das Wintersportbegeisterte lockt, sich auf ein Snowboard zu stellen. Ihnen möchte das vorliegende Buch eine Orientierungshilfe zu den verschiedenen Aspekten des Snowboardsports bieten:

---

1 Vgl. Csikszentmihalyi, 1992, S. 103.

EDITORIAL 9

Nach einem historischen Abriss zur Entwicklung des Snowboardens folgt die technische Seite des Snowboardens in Bezug auf die Auswahl und die Eigenschaften des benötigten Materials. Die Zusammenhänge von sportartübergreifenden koordinativen Fähigkeiten und deren Nutzung im Rahmen snowboardspezifischer Fertigkeiten vermittelt das vierte Kapitel, bevor das Thema „Aufwärmen" mit einer kurzen, physiologisch orientierten Begründung und konkreten Übungsvorschlägen auf die nachfolgende Praxis des Snowboardens vorbereitet. Diese wird sowohl für Einsteiger als auch für Fortgeschrittene in einer Kombination von Beschreibung und Übung, von Erläuterung und Erfahrung, erschlossen. Über die Orientierung an der eigenen Bewegungswahrnehmung stellt sich dabei eine immer routiniertere Fahrweise ein.

Da für ein sicheres Snowboarden neben den eigenen Bewegungsfertigkeiten aber auch ein alpines Basiswissen immer bedeutungsvoller wird, ist dieses im siebten Kapitel thematisiert. Den verschiedenen Wettkampfformen beim Snowboarden ist das achte Kapitel gewidmet, bevor mit der Beschreibung der grundlegenden Arbeitsschritte zur Boardpflege und Reparatur der inhaltliche Teil endet. Ein Verzeichnis der Fachausdrücke sowie der verwendeten und weiterführenden Literatur schließt das vorliegende Buch ab.

Viel Spaß beim Lesen und Freude beim Fahren.

Andreas Hebbel-Seeger

2 HISTORY – ZUR GESCHICHTE DES SNOWBOARDENS

Erstaunliche Ähnlichkeit mit dem, was wir heute **Snowboard** nennen, hat ein Transportmittel, das mehr als 200 Jahre lang und noch bis in das letzte Jahrhundert hinein bei den Waliser Bergbauern in den Schweizer Alpen Verwendung fand, das **Ritprätt** oder **Ritpritt**. Auf diesem, wörtlich übersetzt, **Reitbrett** benannten Gerät konnten schneebedeckte Hänge sitzend oder stehend hinabgeglitten, „abgeritten" werden. Gleichwohl Ritprätter in verschiedenen Waliser Museen, u. a. auch dem Davoser Wintersportmuseum, von der Schweizer Gleitinnovation Zeugnis ablegen, wird die Erfindung des Snowboardens gemeinhin auf die 60er Jahre des 20. Jahrhunderts datiert und dem Amerikaner Sherman Poppen aus Muskegon, Michigan (USA), zugeschrieben.

Um die Geschehnisse rund um die Konstruktion des Snowboardurtyps im Winter 1964/1965 ranken sich inzwischen zahlreiche Geschichten. Es erscheint jedoch zumindest plausibel, dass Poppen, der zu jener Zeit als Erfinder bereits zahlreiche Industriepatente angemeldet hatte, als aufmerksamer Beobachter seiner Umgebung die Funktionalität der Bewegungsausführung erkannte, die seine Tochter beim „Glitschen" auf einer Eisbahn praktizierte: Einen Fuß vor dem anderen stehend, erinnerte ihre Körperhaltung an die von Wellenreitern beim Absurfen von Wellen. Und so lag es für Poppen nahe, ein Surfboard für den Schnee zu konstruieren.

Aus den Worten **Surfen** und **Snow** setzte er den Namen für sein neues Sportgerät zusammen, den **Snurfer**. Diese Benennung ließ Poppen 1965 als Markennamen schützen. Die Produktionsrechte vergab er an die hierzulande vor allem durch den Bowlingsport bekannte Firma **Brunswick Sporting Goods**, die den **Snurfer** zu einem Preis von 15 Dollar schon ein Jahr später erfolgreich vermarktete. Fehlende Bindungen und Kanten sowie eine Finne machten das Surfen auf harten Pisten mit dem 1,20 m langen Brett unmöglich. Dennoch verkaufte sich der **Snurfer** in den nachfolgenden Jahren weit mehr als hunderttausend Mal.

Einer raschen Ausbreitung des neuen Wintersports stand in den Anfangsjahren vor allem das Verbot des Schneesurfens in den meisten Skigebieten entgegen.

In Amerika wurden hierfür vor allem die hohen Sicherheitsnormen der zuständigen Behörden und Versicherungen verantwortlich gemacht. 1977 war es zwar Dimitrije Milovich gelungen, eine schriftliche Erklärung der führenden Versicherungsagenturen der amerikanischen Skigebiete zu erhalten, welche den Einschluss des Snowboardens in die bestehenden Skibestimmungen bestätigte. Gleichwohl blieb den Schneesurfern die Benutzung von Liftanlagen und nicht selten sogar das Befahren der Skigebiete überhaupt noch bis weit in die zweite Hälfte der 80er Jahre hinein untersagt. Beinahe untrennbar mit dem Gleitspaß auf gefrorenen Wellen war daher zu jener Zeit der Begriff des **Hikings** verbunden, das Erklimmen der Berge mit dem Board unter dem Arm. Dabei mussten die Snurfer häufig sogar bei Nacht aufsteigen, um Kontrollen des Snurfverbots zu umgehen.

Parallel zur Evolution des **Snurfers** gab es noch weitere Entwicklungen in Richtung eines Surfboards für den Schnee, die in den USA ebenfalls patentrechtlich anerkannt wurden; 1971 der von Dimitrije Milovich konstruierte **Winterstick** und 1972 Bob Webbers **Skiboard**:

- Milovich bot unmittelbar nach der Patentierung seine Idee des **Wintersticks** Skiproduzenten zur Vermarktung an. Diese zeigten jedoch kein Interesse und so gründete Milovich selbst eine eigene Produktionsfirma in Utah (USA), die 1975 die ersten Serienboards auf den Markt brachte. Seine Erfahrungen als Surfer mit dem Bau von Wellenreitboards versuchte er dabei, sowohl in Bezug auf die äußere Form als auch in Bezug auf die Materialwahl auf den **Winterstick** zu übertragen: Das Board wurde mit Swallow-Tail (schwalbenschwanzähnlichem Heck) aus laminiertem Polyester hergestellt. Bereits drei Jahre nach Produktionsbeginn konnte Milovich 1978 auf den Erfolg seines Produkts über den nordamerikanischen Markt hinaus verweisen, indem er den Export von **Wintersticks** in 11 weitere Länder bekannt gab. Insbesondere beim Fahren auf härterem Untergrund ließen die **Wintersticks** jedoch eine akzeptable Lebensdauer vermissen. Als deutlich belastbarer erwiesen sich hier die aus laminierten Holzschichten gefertigten Boards der gegen Ende der 70er Jahre zahlreicher werdenden Konkurrenz. Dennoch hielt Milovich an seiner Polyesterkonstruktion fest und musste schließlich 1984 Konkurs anmelden.
- Webber erhielt sein **Skiboard**-Patent erst nach drei Jahren vergeblicher Bemühungen. Und es sollte noch weitere fünf Jahre dauern, ehe ein erstes **Skiboard** produziert werden konnte; – als Jointventure mit dem damaligen Skateboardweltmeister Tom Sims. Dieser verband den von Webber als Lauffläche entwickelten Polyäthylenbelag **yellow banana** mit einem Skatedeck.

HISTORY

Snurfer is here!

SNURFING is indeed a classic winter alternative. This unique snow sport combines skiing, surfing and skateboarding into a challenging new dimension. Almost any snow-covered slope, mountain trail or valley is a potential playground. The SNURFER offers you endless hours of excitement, fun and adventure for an unbelievable low price. Crafted from seven plies of hardwood with a patented keel for easy maneuverability, 6" wide 48" long. Order now before the snow falls... it makes a new and original Christmas gift idea!

SNURFER is available at all 16 L & G locations, and other local sporting goods stores and department stores.

REGULAR

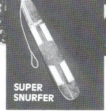
SUPER SNURFER

Regular Snurfer $19.95 • Super Racing Snurfer $29.95 • Carrying Case (vinyl, brown/white) $19.95. Calif. residents add 6% sales tax, (shipping and handling not included). For color brochure, send 50¢.

FOR MAIL ORDER, please send cashier's check or money order along with your name, address, zip and product choice to:

East of the Mississippi:
The Jem Corporation
P.O. Box 554--K
Johnston Road
Marion, VA 24354
(703) 783-7267

West of the Mississippi:
Winterwest
P.O. Box 15176--K
Bryant Station
Long Beach, CA 90815
(213) 597-3547

Und unter dem Namen SIMS lief 1977 die erste Skiboardproduktion an. Gemeinsam mit Chuck Barfoot experimentierte Webber im Folgejahr mit Fiberglaskonstruktionen eines Skiboards. Die Tests mit Prototypen verliefen jedoch insbesondere in Hinblick auf die Haltbarkeit des Materials (wie bei Milovich) wenig Erfolg versprechend. Mehr als 10 Jahre später verkaufte Webber schließlich sein Skiboardpatent 1990 an Jake Burton Carpenter, der daraufhin (ähnlich wie Hole Schweizer in den 70er und 80er Jahren mit dem Windsurfboardpatent) von der Konkurrenz Lizenzgebühren einfordern wollte, – was in diesem Fall jedoch nicht gelang.

Trotz **Winterstick** und **Skiboard** blieb der **Snurfer** noch bis zum Ende der 70er Jahre das Maß aller Dinge. Jake Burton Carpenter war dabei einer, den die Erfahrungen aus dem Skifahren und die Bewunderung für das Wellenreiten schon sehr früh zum Snurfen gebracht hatte. Nach seinen ersten Versuchen auf dem **Snurfer** in den ausgehenden 60er Jahren war ihm schnell klar, dass dieser Spaß das Potenzial zu einer Revolution des Wintersports besaß. Nach und nach modifizierte er seinen **Snurfer** mit verstellbaren Gummiriemen (umgebauten Wasserskibindungen) als Fußschlaufen und einer rutschfesten Standfläche für besseren Halt auf dem Board. Seine Bemühungen um die Optimierung eines Surfboards für Schnee mündeten 1977 in der Gründung einer eigenen Produktionsfirma in Vermont (USA), für die er zunächst den Namen **Jake Carpenter**, später erst **Burton** verwendete. Seine ersten Boards wurden für den im Vergleich zum **Snurfer** hohen Preis von 38 Dollar verkauft.

Burton Boards entfernten sich bereits 1979 so weit vom Ursprungsprodukt, dass gegen eine Teilnahme Carpenters mit eigenem Material an den jährlich stattfindenden Snurfmeisterschaften Protest eingelegt wurde. Man einigte sich schließlich auf die Einführung einer **Open-Division**, ein Wettbewerb für offene (Snowboard-) Konstruktionen. In den nachfolgenden Jahren nahm die Entwicklung des Snowboardens eine solche Dynamik an, dass die offene Klasse gegenüber dem Snurfen rasant an Bedeutung gewann und es schließlich ganz verdrängte. Ein letztes Mal traten Snurfer und Snowboarder 1982 anlässlich der nationalen Snowsurfingmeisterschaften in Woodstock, Vermont (USA), gemeinsam an.

Die Snowboarder beschritten nicht nur neue Wege in der Optimierung des Materials, sondern entdeckten in der kreativen Auseinandersetzung mit Board und Umwelt auch immer neue Bewegungsmöglichkeiten. Dabei waren sowohl die Materialentwicklung als auch die Möglichkeiten seiner Nutzung weniger ureigenste Innovation als vielmehr die Entdeckung von Gemeinsamkeiten mit verwandten Sportarten, deren produktionstechnisches Know-how und deren Bewegungsformen man auf das Snowboarden übertrug.

In Kalifornien, wo das Befahren der den Wellen der Surfer nachempfundenen Halfpipes und Pools schon seit Mitte der 70er Jahre das Skateboarding dominierte, wurde 1979 bei Tahoe City (USA) eine gefrorene Röhre für das Snowboarden entdeckt; – auf einer städtischen Müllkippe. „Entdecker" Mark Anolik versammelte schnell die lokale Snowboardszene mit später so erfolgreichen Fahrern wie Terry Kidwell oder Allen Arnbrister um die von ihnen fortan so genannte **Tahoe City Pipe**.

Und es dauerte nicht lange, bis die Kunde der wohl weltweit ersten Snowboardhalfpipe auch immer mehr Außenstehende nach Tahoe City lockte; unter anderem auch Tom Sims. Dieser richtete 1983 die erste inoffizielle Snowboardweltmeisterschaft in Soda Springs, Kalifornien (USA) aus; mithin den ersten Wettbewerb, auf dem die Disziplin **Halfpipe** ausgeschrieben wurde.

Die Integration der Disziplin **Halfpipe** in das Programm und vor allem auch in die Gesamtwertung der Meisterschaft führte zur ersten offenen Auseinandersetzung in der bis dahin durch den gemeinsamen Pioniergedanken zusammengehaltenen Gemeinde der Snowboarder: Im Gegensatz zu den West-Coast-Skatern vertraten die East-Coast-Snurfer die Auffassung, Halfpipe hätte nichts mit Snowboarding zu tun. Das Burton-Team und andere riefen daher zum Boykott der Veranstaltung auf. Dennoch, das Befahren einer halben Röhre hatte sich durchgesetzt und wurde bald nicht mehr in Frage gestellt. Und auch Carpenter kam 1987 nicht mehr darum herum, Halfpipeboarding in das Programm der unter seiner Federführung seit 1983 ausgetragenen nationalen amerikanischen Snowboardmeisterschaften aufzunehmen.

Gleichwohl, die Konkurrenz zwischen Burton und Sims entwickelte sich zu einem Klassiker. Nun wurde nicht mehr über die Wettbewerbsform **Halfpipe** gestritten sondern über die Verpflichtung von Team-Ridern. Über den Wechsel eines der populärsten Snowboarder seiner Zeit, Craig Kelly, von Sims zu Burton, wurde 1988 sogar gerichtlich verhandelt.

Während das Wellenreiten und Skateboarding die zunächst auf Abfahrten fokussierte Bewegungswelt des Snowboardens bereicherte, wurde die Materialentwicklung maßgeblich durch den Skisport beeinflusst. 1980 wurden sowohl die Prototypen der Burton-Boards wie auch von Milovichs **Wintersticks** erstmals mit den bereits aus dem Skisport bekannten P-Tex-Belägen als Gleitflächen der Boards ausgerüstet. Und ein Jahr später demonstrierte Tom SIMS in einem Slalomwettbewerb die Überlegenheit von Boards mit Stahlkanten.

Es bedurfte jedoch erst noch der Erfolge des damaligen Schweizer Skateboardmeisters José Fernandes bei amerikanischen und europäischen Snowboardwettkämpfen, die dieser ab 1984 auf SIMS-Boards mit Stahlkanten bestritt, um diesem Konstruktionsmerkmal zum Durchbruch zu verhelfen. Dabei war die Idee, Snowboards mit Stahlkanten zu versehen, zu diesem Zeitpunkt keineswegs neu. Denn bereits Milovich dachte in seinen ersten Entwürfen des **Wintersticks** 1970 daran, die im Skisport etablierten seitlichen Führungsschienen zu übernehmen.

Für den geplanten Einsatzbereich des **Wintersticks**, den Tiefschnee, waren die Stahlkanten jedoch bedeutungslos und wurden daher mit Beginn der Serienproduktion des Swallow-Tail-Boards 1975 weggelassen. Je mehr sich das Snowboarden aber in den 80er Jahren zu einer immer breitere Kreise anziehenden Sportart entwickelte, umso mehr verlagerte sich die Ausübung weg von weichen Tiefschneehängen hin zu stärker frequentierten und damit härteren Pisten. Die logische Konsequenz daraus war die Konstruktion von Snowboards mit Stahlkanten, wie sie ab 1985 serienmäßig begann.

Bis zu Beginn der 80er Jahre prägte und trug das Herkunftsland USA die Snowboardbewegung. Doch wie zuvor schon der Skateboardwelle, gelang es jetzt dem Snowboardvirus, den großen Teich zu überwinden und in Europa einen optimalen Nährboden für eine flächendeckende Verbreitung zu finden. Dabei beschränkten sich die Europäer keineswegs nur darauf, mit den aus Übersee erworbenen Geräten das Snowboarden zu erlernen, sondern arbeiteten ihrerseits sowohl an Materialverbesserungen als auch an eigenen Lösungen zum Surfen im Schnee.

Während die Mehrzahl der europäischen Pioniere Surfen im Sinne der Wellenreiter verstand und vom Abreiten gefrorener Wellen träumte, brachte die Begeisterung für das Windsurfen den Allgäuer Tüftler Hannes Marker dazu, in seiner bisher nur für ihre Skibindungen bekannten Firma parallel zur gerade anlaufenden Produktion von Windsurfboards für das Wasser auch solche für den Einsatz im Schnee zu entwickeln. 1979 brachte er den **Snow-Surfer** in Skibauweise mit Gleitfläche und Stahlkanten auf den Markt. Konstruktionstechnisch den damaligen Snowboards weit überlegen, konnte sich das Gerät dennoch nicht durchsetzen.

Für die Entwicklung des Surfens im Schnee in Europa von weitaus größerer Bedeutung war dagegen der von den Gebrüdern Strunk aus dem Sauerland entwickelte und später vom mehrfachen Trickskiweltmeister Fuzzy Garhammer promotete **Swingbo**, dem im Gegensatz zu den an Wellenreitboards orientierten Snowboards das Funktionsprinzip eines Skateboards zu Grunde lag: Zwei parallele, 125 cm lange Kurzski waren über Achsen miteinander verbunden, über denen eine Standfläche mit Fußschlaufen montiert war. Belastungen der Standfläche um die Längsachse über die Fußspitzen oder Fersen bewirkten ein Aufkanten der Kurzski zur Steuerung des Boards.

Mitte der 80er Jahre erreichte der **Swingbo** eine Popularität, welche 1985 sogar die Ausrichtung einer Europameisterschaft im Schnalstal (Italien) erlaubte. Snowboarder im heutigen Sinne waren auf dieser Veranstaltung nur in einer „Open-Division" startberechtigt. Nicht zuletzt, weil sie den **Swingbos** insbesondere in Bezug auf das Handling wie auch auf die Endgeschwindigkeit deutlich überlegen waren, setzten sich in der Folge jedoch sehr rasch die Snowboards als alleinige Alternative zum Ski durch.

Anders als in Amerika war man in Europa gewohnt, Wintersport vor allem auf präparierten Pisten zu betreiben. Die Bedeutung eines guten Kantengriffs und möglichst optimaler Möglichkeiten des Kanteneinsatzes wurden für das Snowboarden daher in Europa weitaus früher erkannt als in Amerika. Viele der für das Pistensnowboarden wesentlichen Innovationen haben ihren Ursprung demzufolge nicht in Amerika, sondern im Alpenraum. So experimentierten die Schweizer José Fernandes und Peter Fässler unabhängig voneinander bereits Anfang der 80er Jahre mit modifizierten Skibindungen; Fernandes 1981 mit umgebauten **Gertsch**-Tourenbindungen, Fässler 1982 mit **Marker**-Modellen.

Der vorherrschenden Idee vom lockeren Surfen im Schnee konnten jedoch auch sie sich nicht entziehen und verwendeten in der Folge zunächst wie alle anderen auch Fußschlaufen. Erst einige Jahre später, als die Boards durch die Verwendung von Stahlkanten immer pistentauglicher wurden, griffen beide ihre Konstruktionsidee wieder auf und entwickelten gemeinsam 1985 auf der Basis der Armeetourenskibindung von „Fritschi" den Prototypen der heutigen Plattenbindungen, die eine optimale Kraftübertragung zwischen Board und Fahrer gewährleisten. Hierzu gehörte freilich auch geeignetes Schuhwerk, für dessen Produktion Fernandes gemeinsam mit der deutschen Snowboardlegende Peter Bauer den Schweizer Skischuhhersteller **Raichle** überzeugen konnte. Ausgehend vom bewährten Skitourenschuh **Nanga Parbat** wurden von **Raichle** 1988 die ersten Prototypen von Snowboardhartschalenschuhen vorgestellt.

Mit der Pistentauglichkeit des Materials gewann auch die Outline der Boards zunehmend an Bedeutung. Hier war vor allem die Entwicklungsarbeit der französischen Firma **Hot** richtungsweisend, die erstmals zum Winter 1987/1988 Snowboards mit einer extremen Taillierung anbot. Mit diesen wurde auf präparierten Pisten erst das für das heutige Snowboarden so typische „Carven", das Schneiden enger Bögen auf der Kante, möglich.

1987 wurden in Livigno (Italien) und St. Moritz (Schweiz) die ersten Snowboardweltmeisterschaften auf europäischem Boden in den Disziplinen Abfahrt, Slalom, Riesenslalom, Buckelpiste und Halfpipe abgehalten. Nicht selten wird im Zusammenhang mit dieser Veranstaltung von den ersten „echten" Weltmeisterschaften gesprochen. Denn während bei den von 1983-1985 in Soda Springs, Kalifornien (USA), sowie 1986 und 1987 in Breckenridge, Colorado (USA), ausgetragenen Snowboardwettkämpfen, bei denen ebenfalls um weltmeisterliche Titel gerungen wurde, überwiegend amerikanische Aspiranten zusammenkamen, waren in Italien und der Schweiz mehr als 130 Teilnehmer aus 14 Nationen am Start.

Abgesehen von der Disziplin Halfpipe dominierten beim Snowboarden zunächst die aus dem Skisport bekannten Wettbewerbsarten. Gleichwohl hatte man das Bestreben, die eigene, neue Sportart auch durch die Form der Wettkämpfe vom etablierten Skibetrieb abzuheben. So wurde auf der im Anschluss an die Weltmeisterschaft 1987 ins Leben gerufenen Snowboard-Worldcuptour 1987/1988 der Parallelslalom (**Duel**) eingeführt, bei dem über mehrere Runden jeweils zwei Fahrer im direkten Vergleich gegeneinander antreten, während Abfahrtslauf und Buckelpiste in der Saison 1990/1991 ein letztes Mal offiziell ausgerichtet wurden.

Wiederum neu aufgenommen wurde 1994 die Disziplin **Boardercross**, bei der in der Regel 4-6 Fahrer bei gleichzeitigem Start einen Hindernisparcours überwinden müssen; eine entschärfte Form der schon 1987 erprobten **Infernos** mit Massenstarts von bis zu 60 Teilnehmern und nicht unähnlich dem von den Freestyleskiläufern in den 70er und 80er Jahren praktizierten **Exhibition Run**.

Vor allem als eigenständiger Wettbewerb hat sich in den vergangenen Jahren noch der **Straight Jump** oder auch **Big Air** durchsetzen können, bei dem Höhe und Sprungfigur über den Erfolg entscheiden; ebenso der **Slope Style**, wo es um die Bewertung von Pistentricks auf dem Snowboard geht.

Indem diese bisher als Spinnerei abgetane Sportart mehr und mehr ins Rampenlicht der Medien trat und für Schlagzeilen taugte, entwickelte sich zunehmend die Notwendigkeit einer organisierten Interessenvertretung. Zwar versuchten schon seit 1984 (Gründung der **Japan Snowboards Association**, JSBA) vereinzelte nationale Verbände, diese Aufgabe zu übernehmen. Doch erst 1987 kam es zur Gründung internationaler Zusammenschlüsse von Fahrern und Produzenten, wie der **Snowboarders European Association** (SEA) oder der **North American Snowboards Association**, deren Abkürzung **NASA** aus verständlichen Gründen schon kurze Zeit nach Gründung des Verbandes in **NASBA** geändert wurde. Erstes Ziel von SEA und NASBA war die Ausrichtung einer gemeinsamen Worldcuptour, was bereits zur Saison 1987/1988 mit jeweils zwei Veranstaltungen in Europa und den USA gelang.

Eine erste weltumspannende Organisation wurde 1989 mit der **International Snowboard Association** (ISA) ins Leben gerufen, aus der ein Jahr später die heutige **International Snowboard Federation** (ISF) hervorging.

In Deutschland wurde ein organisierter Zusammenschluss von Snowboardern 1988 mit dem **Deutschen Snowboard Dachverband** (DSDV) gegründet. Nach dessen Konkurs 1995 übernahm die deutsche Abteilung der **International Snowboard Federation** (ISF) dessen ideelle Nachfolge.

Spätestens mit dem Ende der 80er Jahre setzte das Gerangel um das explosionsartig expandierende Snowboardinteresse und dessen lukrativer Vermarktung ein. Nicht nur auf Seiten der Hersteller wurde der Markt kräftig umworben, auch der **Internationale Skiverband** (FIS) entdeckte 1993 die Sportart offiziell für sich und trat damit in Konkurrenz zur ISF: 1994 wurden erstmals FIS-Wettkämpfe im Snowboarding ausgetragen und 1995 eine FIS-Worldcuptour initiiert. Begünstigt wurde das Engagement des Skiverbandes durch die 1994 getroffene Entscheidung des **Internationalen Olympischen Komitees** (IOC), die Organisation der erst ein Jahr später endgültig beschlossenen erstmaligen Ausrichtung von Snowboardwettkämpfen zu Olympischen Winterspielen 1998 an die FIS zu vergeben: Die Option einer Olympiaqualifikation war damit FIS-Fahrern vorbehalten.

HISTORY 21

Zumindest auf nationaler Ebene gelang in der Vorbereitung auf die Olympischen Winterspiele in Nagano (Japan) 1998 dem **Deutschen Skiverband** (DSV) und der ISF-Germany eine vorläufige Einigung, indem man bei der Ausrichtung von Wettbewerben und der Aufstellung einer deutschen Nationalmannschaft, den **German Snowboarders**, kooperierte. Der Graben zwischen den Lagern der ISF-zugehörigen Snowboarder und den im DSV organisierten, so genannten **Skiboardern** hat sich indes keineswegs geschlossen. Und so wird es wohl auch in der nächsten Zukunft noch zwei konkurrierende Verbände geben, die jeweils nationale und internationale Meister küren und Worldcuptouren veranstalten.

Zeitleiste

1965 — Die Geburtsstunde des Snowboards. Sherman Poppen entwickelt den **Snurfer**.

1968 — Die erste nationale Meisterschaft im Snurfen wird in Michigan (USA) ausgetragen.

1971 — Dimitrije Milovich meldet ein US-Patent auf sein **Winterstick** genanntes Snowboard an, das bis 1988 gilt.

1972 — Nach drei Jahren vergeblicher Bemühungen erhält auch Bob Webber ein US-Patent für sein **Skiboard**.

1975 — Milovich lässt seine **Wintersticks** in Produktion gehen.

1977 — Milovich erhält eine schriftliche Bestätigung führender Versicherer der amerikanischen Skigebiete, dass Snowboarden durch die Skibestimmungen abgedeckt sei.

1977 — Gemeinsam mit Tom Sims, der dem Produkt seinen Namen gibt, bringt Webber sein **Skiboard** auf den Markt.

1979 — Eine natürliche Formation auf einer Müllhalde bei Tahoe City, Kalifornien (USA), wird als erste Snowboardhalfpipe entdeckt.

1979 — Auf den jährlich stattfindenden Snurfmeisterschaften wird eine offene Konstruktionsklasse eingeführt.

1980 — Burton und Milovich verwenden beide erstmals die aus dem Skisport bekannten P-Tex-Beläge als Gleitflächen ihrer Boards.

1981 — Der Konstanzer Werner Früh beginnt die erste kommerzielle Snowboardproduktion auf europäischem Boden unter dem Namen **Jester**.

1981 — Milovichs **Winterstick**-Team kommt zur Eröffnung des Skigebiets Les Arcs 2000 nach Frankreich und macht die neue Sportart in Europa erstmals öffentlich bekannt.

1982 — Die letzte gemeinsame Meisterschaft von Snurfern und Snowboardern wird in Woodstock, Vermont (USA), ausgetragen.

1983 — Die erste Snowboardweltmeisterschaft wird in Soda Springs, Kalifornien (USA), ausgetragen.

1983 — Die erste Highback-Softbindung wird zunächst für Flite-Snowboards, später für **SIMS** entwickelt.

1984 — Der Bogner-Film „Fire & Ice" bringt Snowboarding auf die Kinoleinwände. Als Fahrer treten u. a. Tom Sims und Terry Kidwell auf.

1985 — Im März wird das erste Magazin, das nur über Snowboarding berichtet, unter dem Titel „Absolutely Radical" herausgegeben. Ein halbes Jahr später wird der Name in „International Snowboard-Magazine" geändert.

1985 — Peter Fässler entwickelt in Zusammenarbeit mit José Fernandes und später Gerd Elfgen den Prototypen der heutigen Plattenbindung.

1985 — Im Sommer werden auf dem Schnalstaler Gletscher (Italien) unter der Organisation von Fuzzy Garhammer die ersten Snowboardeuropameisterschaften ausgetragen.

1986 — Organisierter Snowboardunterricht wird im Skigebiet von Stratton Mountain, Vermont (USA), angeboten.

1986 — José Fernandes stellt mit 101 km/h einen bis heute gültigen Geschwindigkeitsrekord auf einem Snowboard auf.

1986 — Der erste, den heutigen Modellen ähnelnde Softboot mit separatem Innenschuh wird von Burton auf den Markt gebracht.

1987 — Die erste Snowboardweltmeisterschaft auf europäischem Boden findet in Livigno (Italien) mit den Disziplinen Halfpipe und Buckelpiste sowie in St. Moritz (Schweiz) mit den Disziplinen Slalom, Riesenslalom und Abfahrt statt.

SNOWBOARDING

1987 Die **North American Snowboard Association** (NASBA) und die **Snowboard European Association** (SEA) werden gegründet.

1987 Dave Alden und andere verfassen ein Handbuch für amerikanische Snowboardlehrer.

1987 Die erste internationale Snowboardworldcuptour wird gemeinsam von der SEA und der NASBA ins Leben gerufen.

1988 Der erste Snowboardhartschalenschuh wird von Raichle vorgestellt.

1990 Das Vail Ski Resort (USA) beschreitet neue Wege im Snowboardsport durch Einrichtung einer Hindernisarena, genannt **Snowboard-Park**.

1990 Aus der **International Snowboard Association** (ISA) geht die **International Snowboard Federation** (ISF), der internationale Snowboard-Verband, hervor.

1991 Während Halfpipes bisher per Hand geschaufelt oder vereinzelt sogar fest errichtet wurden, werden jetzt zunehmend Maschinen, so genannte **Pipe-Dragons**, eingesetzt.

1993 Von der ISF wird die erste „offizielle" Snowboardweltmeisterschaft in Ischgl (Österreich) ausgerichtet.

1993 Der **internationale Skiverband** (FIS) entscheidet sich für die Anerkennung des Snowboardings als eigenständige Sportart.

1994 Die FIS-Mitglieder votieren dafür, Snowboarding als neue Disziplin den eigenen Regularien zu unterstellen.

1994 BURTON Snowboards gibt den ersten interaktiven Katalog auf CD heraus.

1995 Das erste Online-Snowboardmagazin wird vom **Heckler Magazine** im World Wide Web veröffentlicht.

| **1995** | Step-in-Bindungen sowohl für Hardboots als auch für Softboots kommen auf den Markt. |

| **1995** | Snowboarden wird vom **Internationalen Olympischen Komitee** (IOC) in das Programm der Olympischen Winterspiele aufgenommen. |

| **1998** | Anlässlich der Olympischen Winterspiele in Nagano (Japan) werden erstmalig Snowboardwettkämpfe ausgetragen. |

| **1999** | Die FIS-Weltmeisterschaften werden in Berchtesgaden (Deutschland) ausgetragen. |

3 EQUIPMENT - EIGENSCHAFTEN UND AUSWAHL

Snowboarding steht als gerätegebundene Sportart in direkter Abhängigkeit zum Material. Zwar wird die Bewegungsqualität durch das individuelle Fahrkönnen bestimmt, das Material hat dabei jedoch erheblichen Einfluss auf die Bewegungsmöglichkeiten.

3.1 Snowboard

Für die Auswahl eines geeigneten Snowboards sind grundsätzlich zwei Kriterien entscheidend, der **Einsatzbereich** und das **Fahrkönnen**. Ist die Entscheidung für den bevorzugten Einsatzbereich gefallen, gilt es, sich für ein konkretes Modell zu entscheiden. Um ein auf die eigenen Wünsche und Voraussetzungen möglichst optimal abgestimmtes Board zu finden, ist ein Vergleich der wesentlichen **Konstruktionsmerkmale** hilfreich.

3.1.1 Einsatzbereiche

Im Wesentlichen werden vier Einsatzbereiche unterschieden: Freestyle, Freeride, (Free-)Carve und Race, für die jeweils spezielle Boardkonstruktionen angeboten werden. Darüber hinaus gibt es noch einige wenige, so genannte **Powder-Boards**, die ausschließlich für den Einsatz im Tiefschnee bestimmt sind, sowie teilbare Tourenboards.

Da **Freestyle-** und **Freeride-Boards** sich in ihren Konstruktionseigenschaften sehr ähnlich sind, werden beide Bereiche häufig zusammengefasst. Unterschiede in Bezug auf den Einsatzbereich ergeben sich bei Freestyle- und Freeride-Boards primär über die Länge.

Um genügend Auftrieb im Tiefschnee zu haben und auf Pisten auch bei etwas höheren Geschwindigkeiten noch einigermaßen laufruhig zu sein, sollten Freeride-Boards ihren Fahrern mindestens bis zur Nasenspitze reichen; Freeestyle-Boards dagegen etwa bis zum Kinn. Durch die geringere Länge sind Freestyle-Boards leichter und manöverfreundlicher, was vor allem in der Halfpipe wichtig ist.

Freecarving- oder kurz **Carving-Boards** sind vor allem für den Einsatz auf präparierten Pisten konzipiert. Durch die im Verhältnis zu den Freestyle- und Freeride-Boards härtere Vorspannung sowie die schmalere und tailliertere Bauweise können sie in der Kurve extremer auf die Kante gestellt werden, wodurch der Rutschanteil in der Kurve minimiert und enge Kurvenradien möglich werden. Das Board wird dabei so stark aufgestellt, dass die Kante in den Schnee einschneidet; daher die Bezeichnung **Carving**.

Weil diese Boards aber wiederum im Vergleich zu den Racekonstruktionen nicht ganz so schmal sind, haben sie meist noch genügend Auflagefläche, um auch einen Ausflug in den Tiefschnee zuzulassen. Die Länge von Carving-Boards sollte aus Gründen der Laufruhe größer sein als die von Freestyle- oder Freeride-Boards und bei aufgestelltem Board etwa bis auf Augenhöhe reichen.

Race-Boards sind, wie der Name sagt, für den Rennbereich konzipiert. Sie eignen sich ausschließlich für den Einsatz auf präparierten Pisten. Die Länge bei Race-Boards ist davon abhängig, ob sie für die höheren Geschwindigkeiten und weiteren Torabstände beim Riesenslalom oder den enger gesteckten Slalom verwendet werden sollen. Sie variiert bei einem aufgestellten Board etwa zwischen Augenhöhe bei einem Slalomboard und über Kopfhöhe bei einem Riesenslalomboard. Race-Boards reagieren auf Kantendruck äußerst sensibel und setzen daher ein hohes Fahrkönnen voraus.

3.1.2 Konstruktionsmerkmale

Um die Fahreigenschaften eines Boards schon vorab möglichst genau einzuschätzen, orientiert man sich an den wesentlichen Konstruktionsmerkmalen:

1) Gesamtlänge
2) Effektive Kantenlänge
3) Aufbiegung von Schaufel und Heck
4) Breite
5) Taillierung
6) Vorspannung
7) Härte
8) Symmetrie
9) Belag

Gesamtlänge

Die Entfernung von Schaufelspitze bis Heckende gibt die Gesamtlänge eines Boards an. Gleiches Fahrergewicht vorausgesetzt, zeigen sich längere Boards, bedingt durch die mit zunehmender Länge steigende Auflagefläche, im Tiefschnee betont auftriebsstark. Auf der Piste fallen sie durch eine hohe Führungsstabilität und Laufruhe auf. Demgegenüber werden Boards mit abnehmender Länge zunehmend drehfreudiger. Daraus ergibt sich, dass Freestyle-Boards eher kürzer als Freeride- und Carving-Boards sind. Und Race-Boards, mit denen hohe Geschwindigkeiten und große Schwungradien gefahren werden sollen, sind länger als Slalom-Boards für kurze Schwünge.

> Ein Board mit großer Gesamtlänge ist auftriebsstärker, führungsstabiler und laufruhiger als ein kürzeres. Ein kürzeres Board ist dagegen drehfreudiger.

Effektive Kantenlänge

Die effektive Kantenlänge hängt von der Gesamtlänge des Boards sowie der Aufbiegung an Schaufel und Heck ab. Sie ist definiert als die Länge der Kante zwischen dem vorderen und dem hinteren Auflagepunkt der Lauffläche des Boards. Sie gibt also an, wie lang die Kante des Boards ist, die tatsächlich bei flacher Gleitfahrt im Schnee läuft. Boards mit einer langen, effektiven Kante verfügen über einen guten Kantengriff und eine große Laufruhe. Sie sind für das Fahren mit hohen Geschwindigkeiten und auf harten Pisten konzipiert und sind somit

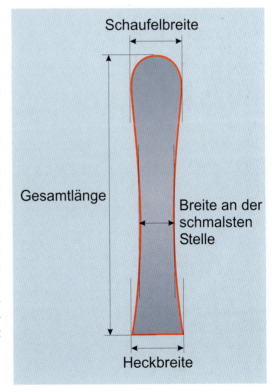

Abb. 1: Konstruktionsmerkmale „Länge" und „Breite"

bezeichnend für Carving- oder Race-Boards. Boards mit einer kurzen, effektiven Kante sind dagegen drehfreudiger, was vor allem für Freestyle-Boards gewünscht wird.

Eine lange, effektive Kante gewährleistet einen guten Kantengriff sowie große Laufruhe. Sie ist vorteilhaft für geschnittene Schwünge und hohes Tempo auf harten Pisten. Eine kurze, effektive Kante begünstigt die Drehfreudigkeit des Boards.

Aufbiegung von Schaufel und Heck

Die Aufbiegung von Schaufel (**Nose**) und Heck (**Tail**) ist ausschlaggebend dafür, ob ein Brett eher durch Auftrieb oder durch Laufruhe bestechen soll. Eine breite und stark aufgebogene Schaufel (so genannter **Nosekick** oder **Scoop**) verhindert ein Einstechen in den Schnee und eignet sich somit für das Fahren im Tiefschnee oder auf Buckelpisten.

Durch den hohen Luftwiderstand, den die aufgebogene Schaufel bietet, sind höhere Geschwindigkeiten jedoch ausgeschlossen, da die Boardspitze ansonsten zu „flattern" beginnt. Folglich kennzeichnen Boardspitzen mit großem **Scoop** Freestyle- und Freeride-Boards, während sich bei Carving- oder Race-Boards flache und kurze Schaufeln bewähren. Denn bei Fahrten auf gewalzten Pisten ist mit größeren Hindernissen kaum zu rechnen und der geringe Luftwiderstand einer flachen Brettspitze wirkt sich förderlich auf die Laufruhe des Boards aus. Außerdem verfügt bei gleicher Gesamtlänge ein Board mit geringerer Aufbiegung über eine längere, effektive Kante.

Ähnlich verhält es sich mit der Aufbiegung am Heck bzw. **Tail**. Auch hier gilt, je weniger Aufbiegung (so genannter **Tailkick** oder **Rocker**) vorhanden ist, umso länger ist im Verhältnis zur Gesamtlänge die effektive Kante. Aus diesem Grund wird bei den Carving- und erst recht bei den Alpinboards auf eine (hohe) Aufbiegung verzichtet; anders als bei den Freeride- oder gar Freestyle-Boards, mit denen auch Rückwärtsfahrten möglich sein sollen.

Eine starke Aufbiegung der Schaufel verleiht dem Board Auftrieb, was es leichter durch den Tiefschnee oder über Hindernisse kommen lässt. Eine flache und kurze Aufbiegung der Schaufel leistet geringeren Luftwiderstand und beeinflusst damit positiv die Laufruhe des Boards bei hohen Geschwindigkeiten.

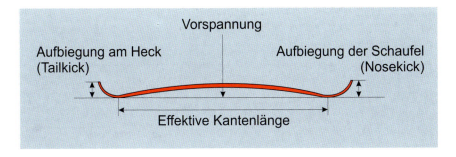

Abb. 2: Konstruktionsmerkmale **effektive Kantenlänge** und **Aufbiegung**

Breite

Beim Konstruktionsmerkmal „Breite" wird zwischen der Schaufelbreite, der Heckbreite sowie zwischen der schmalsten Stelle im Bindungsbereich unterschieden. Insbesondere Freeride-Boards verfügen über eine größere Schaufel- als Heckbreite, damit das Board im Tiefschnee vor allem im vorderen Bereich über genügend Auftrieb verfügt. Auftrieb im Tiefschnee und eine hohe Stabilität beim Landen von Sprüngen sind denn auch allgemein die Eigenschaften, die eher breiten Boards zu Eigen sind. Auf ihnen ist es auch Fahrern, die „auf großem Fuß leben", möglich, flache Bindungswinkel zu verwenden, ohne dass Fußspitzen oder Fersen über die Boardkante hinausragen. Demgegenüber finden sich schmale Boards durch ihr geringeres Gewicht und die Möglichkeit des schnellen Kantenwechsels vor allem im alpinen Rennsport. Hier wurde allerdings extremen Boardkonzeptionen durch entsprechendes Regelwerk Vorschub geleistet: Die Breite von 18 cm darf ein Snowboard an keiner Stelle unterschreiten.

> Breite Boards liefern einen hohen Auftrieb im Tiefschnee, gewährleisten eine hohe Stabilität beim Landen von Sprüngen und lassen Raum für flache Bindungswinkel. Schmale Boards erfordern spitzere Bindungswinkel, sind leichter und lassen schnelleres Umkanten zu.

Taillierung

Dadurch, dass sich die breitesten Stellen eines Boards an Schaufel und Heck befinden, verjüngt sich ein Board jeweils zur Brettmitte hin. Diese Verjüngung wird als **Taillierung** bezeichnet. Die Ausprägung dieser Rundung wird mit dem Taillierungsradius beschrieben. Dieser gibt an, wie groß der Radius eines Kreises wäre, würde man die Rundung des Boards bis zu einem Vollkreis fortführen. Variablen des Taillierungsradius sind somit nicht nur die minimale und die maximale Breite eines Boards, sondern auch der durch die Gesamtlänge beeinflusste Abstand der beiden zueinander.

Boards mit einer starken Taillierung lassen enge Schwünge mit extremem Kanteneinsatz zu. Dabei reagieren sie jedoch bei hohen Geschwindigkeiten wie auch bei der Landung von Sprüngen anfällig auf den geringsten Kantendruck. Kleiner ist die Gefahr des Verkantens dagegen bei Boards mit einer mäßigen Taillierung. Eine schwache Taillierung eignet sich für Boards, mit denen hohe Geschwindigkeiten und lange Schwünge, wie z. B. beim Riesenslalom, gefahren werden sollen. Sie bestechen durch stabiles Fahrverhalten, erfordern aber ein starkes Aufkanten zur Schwungauslösung, wobei sie nur weite Kurven auf der Kante zulassen.

Insbesondere für den Racebereich werden auch Boards mit einer so genannten **progressiven** Taillierung angeboten. Dabei wird ein größerer Radius im vorderen Teil des Boards mit einem kleineren Radius im hinteren Teil des Boards kombiniert. Diese Konstruktion unterstützt ein maximales Beschleunigen aus der Kurve heraus.

Je stärker die Taillierung eines Boards ausgeprägt ist, umso engere Schwünge lassen sich mit ihm auf der Kante fahren. Gleichzeitig wird das Board aber auch anfälliger für die Gefahr des Verkantens. Je schwächer die Taillierung eines Boards ausgeprägt ist, umso stabiler ist sein Fahrverhalten bei hohen Geschwindigkeiten. Dabei lassen sich aber selbst mit starkem Aufkanten nur weite Kurven auf der Kante fahren.

Vorspannung

Die Vorspannung bewirkt, dass bei der Ablage des unbelasteten Boards auf einer ebenen Unterlage das Board nicht in ganzer Länge plan, sondern nur an zwei Stellen, nämlich im Schaufel- und Heckbereich, aufliegt. Die Vorspannung wird angegeben als der maximale Abstand des Boards zur Unterlage zwischen Schaufel und Heck. Je mehr Vorspannung einem Board gegeben ist, umso stärker ist der Druck beim Fahren auf Brettspitze und Heck. Dies vermindert die Neigung der Brettspitze, bei hohen Geschwindigkeiten zu „flattern". Darüber hinaus verbessert eine starke Vorspannung den Griff der Kanten auch auf eisigen

Pisten und sorgt für eine große Laufruhe; Aspekte also, die charakteristisch für Carving- und Race-Boards sind.

Ist die Vorspannung eines Boards dagegen geringer, nimmt der Druck auf Brettspitze und Heck ab. Höhere Geschwindigkeiten sind damit kaum noch möglich, da die Boardenden ansonsten zu unruhig werden. Dafür wird mit abnehmender Vorspannung ein Board immer drehfreudiger, weil die Kante kaum noch über die effektive Länge greift. Dies erleichtert seitliches Driften ebenso wie es Freestylern bei der Landung von Sprüngen zugute kommt. Denn je weniger eine Kante greift, umso kleiner ist auch die Gefahr des Verkantens selbst bei unsauber gelandeten Sprüngen.

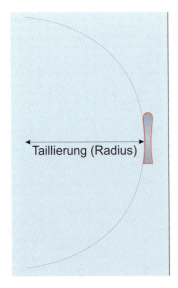

Abb. 3: Konstruktionsmerkmal **Taillierung**

Boards mit einer hohen Vorspannung können selbst auf eisigen Pisten noch spurstark sein und lassen hohe Geschwindigkeiten zu. Boards mit geringer Vorspannung sind drehfreudiger und reagieren weniger empfindlich auf Fehlbelastungen der Kante, z.B. bei der Landung von Sprüngen.

Härte

Die Härte eines Boards setzt sich gleichermaßen aus dem Verhalten bei Durchbiegung wie bei Verwindung (Torsion) zusammen. Sie bestimmt sich über den maximal möglichen Weg und den dazu nötigen Kraftaufwand bei einer Bewegung in Richtung der Vorspannung sowie einer gegenläufigen Bewegung um die Boardlängsachse, d. h., wenn Schaufel und Heck gegeneinander verdreht werden. Freestyle-Boards sind eher weicher konstruiert, was die sanfte Landung von Sprüngen begünstigt und das Board elastisch auf Unebenheiten im Gelände reagieren lässt. Weiche Boards haben keinen so guten Kantengriff wie ihre harten Artgenossen. Aus diesem Grund zeichnen sich z. B., Carving-Boards allgemein durch eine größere Härte aus. Denn insbesondere im Zusammenspiel mit einer langen, effektiven Kante lassen sich harte Boards auch auf eisigem

Untergrund präzise steuern. Und ist ein hartes Board außerdem noch mit einer ausgeprägten Taillierung versehen, sorgt es für eine optimale Beschleunigung aus der Kurve heraus.

Weiche Boards (mit viel Flex) reagieren elastisch auf Unebenheiten des Untergrundes und gewähren die sanfte Landung von Sprüngen. Sie weisen einen mäßigen Kantengriff auf. Harte Boards (mit wenig Flex) begünstigen dagegen einen optimalen Kantengriff. In Verbindung mit einer ausgeprägten Taillierung sorgen sie außerdem für eine starke Beschleunigung aus der Kurve heraus.

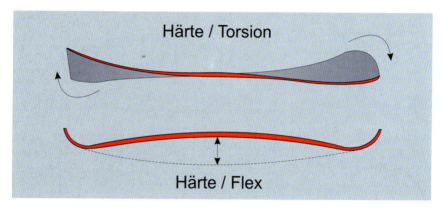

Abb. 4: Konstruktionsmerkmal **Härte**

Symmetrie

Mittels des Kriteriums **Symmetrie** lassen sich bei Snowboardkonstruktionen symmetrische und asymmetrische Bauweisen unterscheiden. Bei symmetrischen Boards sind von der Boardlängsachse aus gesehen beide Seiten gleich. Bei asymmetrischen Boards ist dagegen die effektive Kante auf der Fußspitzenseite (Frontside) gegenüber der effektiven Kante auf der Fersenseite (Backside) nach vorne zur Schaufel hin versetzt. Damit soll gewährleistet werden, dass trotz der schrägen Fußstellung auf dem Board die Kanten jeweils in ihrer Mitte belastet werden, was den Kantengriff potenziell verbessert.

Für Freestyle-Boards, bei denen flache Bindungswinkel kaum nach asymmetri-

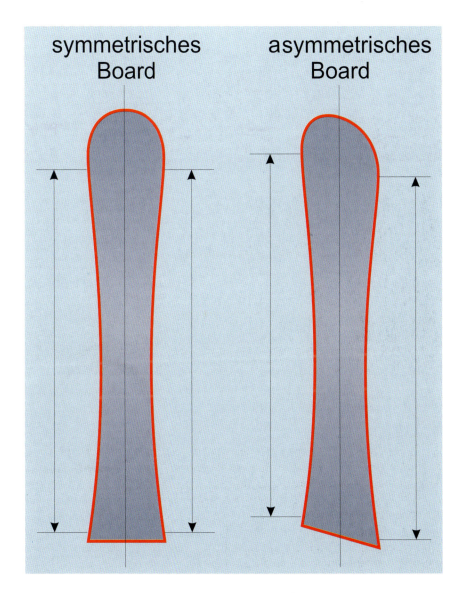

Abb. 5: Konstruktionsmerkmal **Symmetrie**

scher Konstruktion verlangen und ein maximaler Kantengriff ohnehin nie eine entscheidende Fahreigenschaft war, spielte und spielt die asymmetrische Bauweise keine Rolle. Anders bei den Carving- und Race-Boards: Anfang der 90er Jahre wurden für diesen Einsatzbereich überwiegend asymmetrische Designs angeboten. Mit der abnehmenden Breite der Boards und immer spitzer werdenden Bindungswinkeln gewannen jedoch symmetrische Konstruktionen wieder an Bedeutung.

Denn asymmetrische Designs, ohnehin grundsätzlich weniger laufruhig als symmetrische, erlauben bei schmalen Boards und hohen Geschwindigkeiten nur noch eine unzureichende Boardbeherrschung. Dabei haben sie bei gleicher Gesamtlänge eine deutlich kürzere, effektive Kantenlänge, was ihren potenziellen Vorteil, besseren Kantengriff, durch eine mittige Belastung der Kante, nivelliert. Darüber hinaus hat sich gezeigt, dass für Schwünge auf der Kante eine Standposition leicht hinter der Boardmitte günstig ist. Auf symmetrischen Boards lassen sich deshalb die schwierigeren Schwünge auf der Fersenkante besser aussteuern als auf asymmetrischen Boards. Daher sind asymmetrische Boards inzwischen wieder weit gehend vom Markt verschwunden.

Asymmetrische Konstruktionen vermitteln ein ausgewogenes Fahrgefühl auf Grund der auf beiden Seiten gleichermaßen möglichen, mittigen Belastung der effektiven Kante. Sie sind jedoch weniger laufruhig als symmetrische Boards und erschweren die Kontrolle von Schwüngen auf der Fersenkante.

Belag

Der Belag, **Base**, ist für die Gleiteigenschaften eines Boards verantwortlich. Er wird grundsätzlich aus Polyäthylen (PE) gefertigt. Je nach Verarbeitung des Materials und Produktionszusätzen ergeben sich jedoch unterschiedliche Eigenschaften. In Bezug auf die Technik der Verarbeitung wird zwischen extrudierten und gesinterten Belägen unterschieden.

Am kostengünstigsten ist die Herstellung extrudierter Beläge, wobei der geschmolzene Kunststoff direkt auf die Boardunterseite aufgebracht wird. Aufwändiger und damit auch teurer ist die Produktion gesinterter Beläge. Dazu wird der Kunststoff zunächst in eine Form gepresst. Nachfolgend werden von dem entstandenen Block dünne Schichten abgeschält und dann erst als Gleitfläche mit dem Board verbunden.

Gesinterte Beläge sind im Vergleich zu extrudierten Belägen abriebfester, nehmen auf Grund ihrer Struktur besser Wachs auf und verfügen über die potenziell besseren Gleiteigenschaften; – sofern sie regelmäßig gewachst werden. Extrudierte Beläge sind demgegenüber deutlich pflegeleichter, müssen seltener gewachst werden und sind einfacher zu reparieren. Eine besondere Form gesinterter Beläge stellen die schwarzen Grafitbeläge dar. Dazu werden dem PE vor dem Pressen Grafitteilchen beigemischt. Diese entwickeln eine antistatische Wirkung, was das Festsetzen von Staub und Schmutz auf der Gleitfläche vermindert, wodurch wiederum der Reibungswiderstand des Belags so klein wie möglich gehalten werden kann.

Ferner verfügen Grafitbeläge über eine verbesserte Wärmeleitfähigkeit, die dafür sorgt, dass die mit zunehmender Geschwindigkeit sich erhöhende Reibungswärme zwischen Belag und Schnee vermehrt in das Boardinnere gelangt. Dadurch wird der Wasserfilm, auf dem das Board gleitet, möglichst dünn gehalten. Dies hat insofern positive Auswirkungen auf die Gleiteigenschaften, als dass sich der Belag dann nicht bremsend an einer dicken Wasserschicht festsaugt. Aus dem gleichen Grund werden besonders hochwertige Beläge daher zusätzlich noch mittels eines **Steinschliffs** mit einer feinen Struktur versehen.

> Für Carving- und Race-Boards, mit denen hohe Fahrgeschwindigkeiten erreicht werden sollen, sind gesinterte Beläge zu bevorzugen. Für alle anderen Einsatzbereiche reichen extrudierte Beläge völlig aus; ob ihrer Reparatureigenschaften und geringeren Pflegebedürftigkeit sind sie im Einzelfall sogar die bessere Wahl.

3.2 Boots & Bindungen

Beim snowboardtauglichen Schuhwerk besteht die Auswahl zwischen Hartschalenschuhen und Softboots. Mit der Wahl der Fußbekleidung wird zwangsläufig auch die grundsätzliche Entscheidung über den Bindungstyp getroffen: Für Hardboots müssen Plattenbindungen verwendet werden, für die klassischen Softboots Schalenbindungen und für Step-in-Softboots spezielle Konstruktionen, die den Plattenbindungen für Hardboots ähneln.

3.2.1 Hardbooteinheit

Hartschalenschuhe bieten auf Grund ihres steifen Aufbaus und der festen Fixierung mittels einer Plattenbindung auf dem Board die besten Voraussetzungen für eine optimale Kraftübertragung. Die direkte und gute Kraftübertragung macht Hardboots besonders für alpine Einsatzzwecke geeignet, in denen maximale Kontrolle und Kantengriff gewünscht wird.

Die ersten Hardboots waren modifizierte Tourenskischuhe. Auch heute noch ähneln die Hardboots in ihrem Aussehen stark den „normalen" Skistiefeln. Im Vergleich zu Skistiefeln haben Snowboard-Hardboots jedoch eine deutlich kürzere sowie eine an Spitze und Ferse abgeschrägte Sohle, damit vor allem auf schmalen Boards die Fußenden nicht über die Boardkanten hinausragen. Außerdem verfügen Hardboots über eine gewisse seitliche Flexibilität, welche die Bewegungsausführung bei der Schwungsteuerung erleichtert. Skistiefel müssen dagegen gerade in diesem Bereich sehr hart sein, weil die Kraftübertragung beim Skilauf über die Seite erfolgt; anders als beim Snowboarden, wo Ferse und Fußspitze die Kraft auf die Kanten übertragen. Um beim Fahren auf der Fersenkante einen optimalen Kantendruck erzeugen zu können, lässt sich bei den Snowboard-Hardboots der Winkel des Stiefelschafts zur Schuhsohle verändern. Diese Vorlageeinstellung erfolgt meist über ein Stufensystem, das mehrere Winkel zur Auswahl vorgibt. Gleichwohl werden auch Hardboots mit der Möglichkeit einer stufenlosen Vorlageeinstellung angeboten. Die Einstellung des Vorlagewinkels ist dabei aber meist nur mit speziellem Werkzeug möglich und lässt sich z. B. auf der Piste nicht so schnell verändern wie beim Stufensystem. Unabhängig vom System zur Vorlageeinstellung ist es günstig, wenn der Schuh mit einem so genannten **Walkmechanismus** ausgerüstet ist. Dieser erlaubt die unkomplizierte Lösung der Vorlageeinstellung beispielsweise auf dem Fußweg zum Lift.

Neben der Vorlageeinstellung sind einige Hardboots noch mit einer **Canting**-Möglichkeit ausgestattet, die es erlaubt, die Schuhe leicht gegeneinander anzukippen. Durch das **Canting** lässt sich eine anatomisch günstigere Position auf dem Board einnehmen. Diese Funktion bieten jedoch die meisten Bindungen an, sodass es von der jeweiligen Kombination abhängig ist, ob der Hardboot mit diesem Feature tatsächlich ausgerüstet sein muss.

Hartschalenschuhe werden über **Plattenbindungen** mit dem Board verbunden. Wie schon beim Schuhwerk, so gingen auch die Plattenbindungen aus modifizierten Tourenbindungen des Skisports hervor. Und ebenfalls wie im Skibereich, so können auch beim Snowboarden problemlos Stiefel und Bindungen unter-

Plattenbindung

schiedlicher Hersteller kombiniert werden: Durch einen Fersen- und einen Frontbügel sorgen Plattenbindungen für die Arretierung des Schuhs auf dem Board. Während früher, je nach Modell, der vordere oder hintere Bügel als Spannhebel zum Schließen der Bindung ausgelegt war, finden sich heute nur noch Bindungen mit Frontverschluss.

Deutlich populärer als die konventionellen Plattenbindungen sind inzwischen jedoch die **Step-in-Konstruktionen**, die dem mühsamen Umlegen des Frontbügels von Hand einen komfortablen Mechanismus entgegensetzen. Anders als bei den Step-in-Bindungen für Softboots, schreibt die Mehrzahl der angebotenen Einstiegsautomaten für Hardboots nicht die Verwendung von Produkten eines bestimmten Herstellers vor.

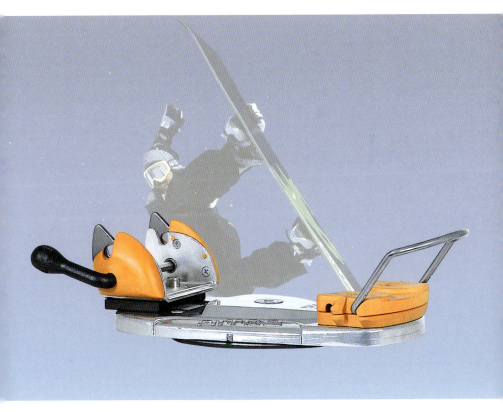

Step-in-Plattenbindung

Plattenbindungen, gleichgültig, ob „klassisch" oder als Step-in-Konstruktion, werden neben der im Zusammenhang mit den Hardboots beschriebenen Cantingfunktion häufig noch mit einer so genannten **Lifting**-Möglichkeit angeboten. Diese erlaubt es, die Ferse des hinteren Beins und/oder die Fußspitze des vorderen Beins zu erhöhen, was die Kraftübertragung auf die Kanten verbessert: Mit dem **Heel-Lift**, der Erhöhung der Fersenauflage beim hinteren Bein, verstärkt sich der Druck auf die Fersenkante. Entsprechend wirkt der **Toe-Lift**, die Erhöhung der Fußspitze beim vorderen Bein, wie ein **Gaspedal** bei Schwüngen auf der Zehenkante.

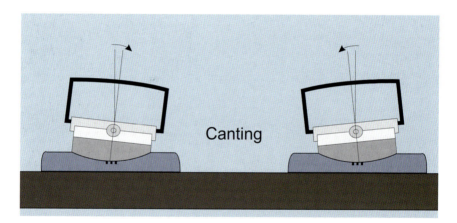

Abb. 6: Prinzip des Bindungscantings

Mit dem Vorzug von Plattenbindungen, eine direkte und präzise Kraftübertragung zu gewährleisten, geht jedoch der Nachteil einher, dass Fahrer Stößen und Schlägen des Boards auf der Piste ungedämpft ausgesetzt sind.

Um diesen Nachteil zu minimieren, bieten einige Hersteller, insbesondere für den Freecarvingbereich, Plattenbindungen an, die auf Dämpfungsringen gelagert sind.

 Hartschalenschuhe mit entsprechenden Bindungen erlauben eine direkte Kraftübertragung für einen maximalen und sensibel dosierbaren Kanteneinsatz auf präparierten Pisten. Die Zielgruppe für Hardbooteinheiten sind daher Snowboarder im Renn- und Carvingbereich.

EQUIPMENT 43

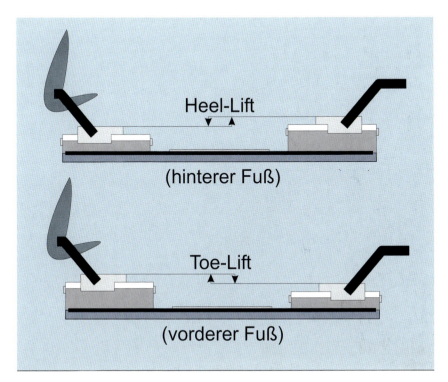

Abb. 7: Prinzip des Bindungsliftings

3.2.2 Softbooteinheit

Softboots sind, wie der Name schon sagt, die weicheren und flexibleren Snowboardstiefel. Sie bieten im Vergleich zu Hardboots einen deutlich höheren Tragekomfort. Die Kraftübertragung wird bei Softboots erst über eine den Schuh umschließende Schalenbindung möglich. Weil die Softboots innerhalb der Schalenbindungen aber noch einen gewissen Bewegungsspielraum haben, ist die Kraftübertragung weniger direkt als bei den Hardboots. Das muss jedoch keineswegs ein Nachteil sein. Vielmehr werden, insbesondere beim Freestyle, viele Manöver erst durch diese Bewegungsfreiheit möglich. Und durch die weniger direkte Kraftübertragung verringert sich z. B. bei der Landung von Sprüngen die Gefahr des Verkantens.

Softboot

Bei den **Schalenbindungen** für Softboots dienen meist zwei Schnallen zur Fixierung des Spanns, während ein von der Ferse bis unter die Wade hochgezogener Schaft, der so genannte **Highback**, für die nötige Stabilität bei Schwüngen auf der Fersenkante sorgt. Der Highback lässt Bewegungen des Unterschenkels nach vorne, nicht aber nach hinten zu, was zur Belastung der Fersenkante unumgänglich ist. Er sollte in verschiedenen Winkeln zur Grundplatte zu fixieren sein, um einen individuell angemessenen Vorlagewinkel einstellen zu können. Die Höhe des Highbacks hängt vom jeweiligen Einsatzzweck ab. Ein hoher Schaft (ca. 24-27 cm) gibt beim Schwingen deutlich mehr Halt als ein kurzer (ca. 17-22 cm). Der kurzen Highbacks zu Eigene größere Bewegungsspielraum erlaubt dafür extremere Körperbewegungen bei gestylten Manövern.

Schalenbindung

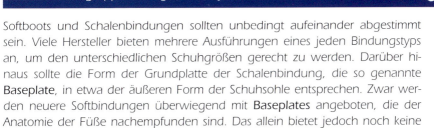

Die Höhe des Bindungsschafts gibt bei Schalenbindungen Aufschluss über die Zielgruppe: niedrig für Freestyler, hoch für die Freerider.

Softboots und Schalenbindungen sollten unbedingt aufeinander abgestimmt sein. Viele Hersteller bieten mehrere Ausführungen eines jeden Bindungstyps an, um den unterschiedlichen Schuhgrößen gerecht zu werden. Darüber hinaus sollte die Form der Grundplatte der Schalenbindung, die so genannte **Baseplate**, in etwa der äußeren Form der Schuhsohle entsprechen. Zwar werden neuere Softbindungen überwiegend mit **Baseplates** angeboten, die der Anatomie der Füße nachempfunden sind. Das allein bietet jedoch noch keine Gewähr, dass auch jede Schuhsohle sich hier harmonisch einfügt. Und schließlich ist noch darauf zu achten, dass der Highback keinesfalls über den Schaft des Schuhs hinausreicht, da es anderenfalls unweigerlich zu unangenehmen Druckstellen kommt.

> Softboots bieten im Vergleich zu Hardboots einen höheren Tragekomfort, aber eine weniger direkte Kraftübertragung. Sie sind vor allem für den Freestyle- und Freeridebereich gedacht.

Neben den „klassischen" Softboots sind Modelle erhältlich, die über spezielle **Step-in-Bindungen** mit dem Board verbunden werden. Dabei kommen ganz unterschiedliche Konstruktionen zum Einsatz, sodass, anders als bei der Verwendung von Softboots und Schalenbindungen, bei den Step-in-Varianten die Kombination von Teilen unterschiedlicher Hersteller überwiegend ausgeschlossen ist.

Die Step-in-Bindungen für Softboots umspannen den Schuh nicht mehr wie Schalenbindungen, sondern greifen in die Sohle. Dadurch kommt es zu einer festeren Verbindung mit dem Board als bei der Verwendung von Schalenbindungen, was die Kraftübertragung auf die Boardkanten verbessert. Selbst auf präparierten Pisten werden damit sauber geschnittene Schwünge möglich, sodass Softboot-Step-in-Kombinationen im Bereich des Freecarvings eine echte Alternative zu Hartschalenschuhen darstellen.

Obwohl beinahe jeder Hersteller eine eigene Lösung für den Softboot-Step-in anbietet, lassen sich dennoch zwei grundsätzliche Konzepte unterscheiden. Beide basieren auf einer mit dem Board verschraubten Grundplatte, auf welcher die Schuhsohle einrastet. Während der eine Konstruktionsansatz aber an einem mit der Bindung verbundenen Highback festhält, wird beim anderen Konzept auf den an der Bindung montierten Highback verzichtet, was eine entsprechende Versteifung im hinteren Teil des zu verwendenden Schuhs voraussetzt.

Step-in-Bindungen für Softboots sind im Vergleich zu Schalenbindungen deutlich komfortabler im Gebrauch. Mit einem einfachen Tritt werden die Schuhe beim Bindungseinstieg auf dem Board fixiert; – sofern nicht gerade Schnee- oder Eisklumpen an der Schuhsohle den Bindungseinstieg erschweren. Ebenso leicht gestaltet sich der Ausstieg, indem auf Knopfdruck oder Hebelzug der Schuh wieder freigegeben wird.

Step-in-Bindung für Softboots ohne und mit Highback. Step-in-Sohle

Die Kombination von Softboots mit Step-in-Bindungen ist im Vergleich zu einer Kombination mit Schalenbindungen komfortabler im Gebrauch. Durch die festere Verbindung mit dem Board wird eine direktere Kraftübertragung und damit ein stärkerer und kontrollierterer Kanteneinsatz möglich. Über den Freeridebereich hinaus bietet sich der Einsatz von Softboots und Step-in-Bindungen daher auch im Freecarvebereich an.

3.2.3 Schuhauswahl

Unabhängig davon, ob die grundsätzliche Entscheidung für den Kauf eines Hard- oder Softboots gefallen ist, sollte die Auswahl eines geeigneten Modells und der passenden Größe mit Sorgfalt betrieben werden. Denn ein nicht optimal sitzender Schuh reduziert den Fahrspaß deutlich: Druckstellen oder kalte Füße lassen ebenso wenig Freude aufkommen wie ein Schuh, in dem der Fuß durch mangelnden Halt keine Kontrolle des Boards zu erreichen vermag.

Die wichtigsten Kriterien zur Beurteilung der Passform bilden ein guter Fersensitz und eine ausreichende Zehenfreiheit. Versuche, den Fuß aus dem fest verschlossenen Schuh herauszuziehen, helfen, den ersten Aspekt abzuschätzen: Ein Wackeln oder Verrutschen der Ferse darf nicht vorliegen. Abruptes Stoppen mit einem Schuh aus dem Gehen gibt demgegenüber Aufschluss über die Zehenfreiheit: Sie sollten minimal vorne anstoßen.

Snowboardschuhe bestehen überwiegend aus einer Kombination von Außen- und Innenschuh. Einige Softboots werden jedoch ob der dadurch möglichen kürzeren Länge und aus Gewichtsgründen ohne Innenschuh, so genannte **Liner**, angeboten. Außerdem soll sich in diesen Schuhen eher das Gefühl vermitteln, direkt auf dem Board zu stehen. Durch den fehlenden Innenschuh sind diese Boots jedoch weniger warm und bieten den Füßen weniger Schutz als Schuhe mit **Linern**.

Um eine möglichst optimale Passform zu gewährleisten, sind sowohl bei Hardboots als auch bei Softboots viele Modelle mit einem thermoformbaren Innenschuh ausgerüstet. Im erhitzten Zustand wird der Innenschuh in den Außenschuh eingebracht. Dann steigt der Fahrer in den Schuh ein und schnallt diesen wie zum „normalen" Fahren fest. Das erhitzte und in diesem Zustand formbare Material des Innenschuhs passt sich nun der individuellen Anatomie der Füße des jeweiligen Benutzers an. Nach etwa 10 Minuten ist der Innenschuh so weit erkaltet, dass die gewünschte individuelle Passform erhalten bleibt.

Eine andere Methode der individuellen Anpassung ist das Ausschäumen. In dem regulär verschlossenen Außenschuh steht der Kunde in einer Art Innenschuhhülle, die ausgeschäumt wird. Auch hier ist nach wenigen Minuten der Innenschuh ausgehärtet. Anders als bei den thermoformbaren **Linern** ist eine nachträgliche Änderung beim Schaumsystem jedoch nicht möglich.

Durch die individuelle Passgenauigkeit bieten sowohl die thermoformbaren als auch die geschäumten **Liner** im Vergleich zu herkömmlichen Innenschuhen einen größeren Tragekomfort, darüber hinaus sitzen sie auch noch fester am Fuß.

Bei der Auswahl von Softboots sollte der Halt des Schuhs sowie die gewünschte Bewegungsfreiheit möglichst durch das probeweise Anschnallen eines Boards abgeschätzt werden. Dabei ist es nicht nur beim Test der Step-in-Varianten von Softboots, die sowieso meist nur eine Schuhbindungskombination zulassen, von Vorteil, wenn auf dem Probeboard die später zur Verwendung vorgesehene Bindung montiert ist. Denn insbesondere bei den klassischen Softboots ist vor allem die Abstimmung von Schuh und Schalenbindung für das spätere Boardgefühl entscheidend.

> Funktion und Passform bestimmen die Auswahl des geeigneten Schuhwerks. Es muss neben dem reinen Tragekomfort einen festen Sitz der Ferse und eine ausreichende Zehenfreiheit garantieren.

3.2.4 Bindungsmontage

Im Gegensatz zum Skilauf, wo beide Füße parallel in Fahrtrichtung ausgerichtet sind, wird auf dem Snowboard, wie beim Surfen oder Skateboarden, beinahe quer zur Fahrtrichtung gestanden. Dabei kann entweder der rechte oder der linke Fuß in Fahrtrichtung vorne stehen. Individuelle Koordinationsmuster, die jedem Menschen zu Eigen sind, bestimmen darüber, in welcher der beiden Positionen auf dem Board sich leichter ein günstiges Bewegungsgefühl einstellt. Vor der Bindungsmontage ist daher festzustellen, welchem Koordinationstyp man zugehörig ist: **Regular**, mit dem linken Fuß in Fahrtrichtung vorn, oder **Goofy**, mit dem rechten Fuß.

Wie viele andere, so entstammen auch die Bezeichnungen für die Standpositionen dem Vokabular des Wellenreitens. Da die Mehrheit der kalifornischen Surfer mit dem linken Fuß in Fahrtrichtung stand, wurde diese Standposition für normal (regular) befunden. Die wenigen rechtsfüßigen Wellenreiter wurden dagegen scherzhaft einer ungelenken (goofy) Fahrweise bezichtigt. Beim Snowboarden ist das Verhältnis von rechts- und linksfüßigen Fahrern heute annähernd ausgeglichen.

Um herauszufinden, welche Standposition für einen selbst die günstigste ist, gibt es eine Vielzahl von Möglichkeiten. Die aussagekräftigste Variante ist sicher das Schliddern über eine glatte Fläche: Nach dem Anlauf wird hier unwillkürlich ein Fuß vor den anderen gesetzt. Diese Position kann analog auf das Snowboard übertragen werden.

Neben der Entscheidung, welcher Fuß auf dem Board in Fahrtrichtung vorne stehen soll, ist für die Bindungsmontage ferner die Wahl eines passenden Bindungswinkels wichtig. Mit dem Bindungswinkel wird das Maß der Drehung der Fußspitze von der Querstellung aus in Fahrtrichtung beschrieben. Er variiert im Allgemeinen zwischen 0 und 65°. Die meisten Bindungen sind mit Winkelangaben versehen, welche das Einstellen oder Verändern der gewünschten Bindungswinkel vereinfachen.

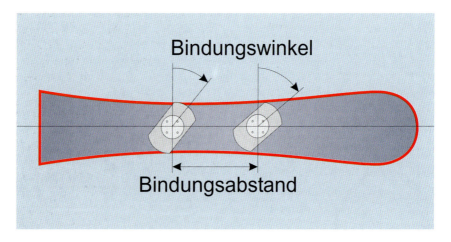

Abb. 8: Oberansicht eines Boards mit Bindung

Der jeweils günstigste Bindungswinkel ist zum einen abhängig vom Einsatzzweck und zum anderen von der Breite des Boards. Denn je schmaler ein Board ist, umso größer müssen zwangsläufig die Bindungswinkel sein, damit die Fußspitzen nicht über die Boardkanten hinausragen. Und je höher die zu fahrenden Geschwindigkeiten sein sollen, umso mehr muss vor allem der vordere Fuß in Fahrtrichtung gedreht sein, um das Einnehmen einer aerodynamisch günstigen Fahrposition sowie ein schnelles Umkanten zu ermöglichen.

Grundsätzlich wird die hintere Bindung in einem spitzeren Winkel montiert als die vordere. Die Differenzen zwischen der vorderen und der hinteren Bindungseinstellung liegen je nach Boardtyp zwischen 5 und 15°. Da beim Fahren das Hauptgewicht auf dem vorderen Bein lastet, kommt dem hinteren Bein vor allem die Aufgabe der Boardkontrolle zu. Diese Aufgabe lässt sich mit spitzen Winkeln zunehmend leichter erfüllen.

> Die Einstellung eines günstigen Bindungswinkels ist abhängig von der Breite des Boards, der Schuhgröße und dem Einsatzzweck. Grundsätzlich erhöhen spitze Winkel zur Boardquerachse die Boardkontrolle. Stumpfe Winkel ermöglichen dagegen eine strömungsgünstige Haltung auf dem Board für hohe Geschwindigkeiten und erlauben einen raschen Kantenwechsel.

Eine Besonderheit stellt bei der Bindungsmontage der so genannte **Duckstance** dar, wobei hintere und vordere Bindung in spitzen Winkeln in einander entgegengesetzte Richtungen zeigen. Diese Form der Bindungsmontage findet auf Freestyle-Boards Verwendung, mit denen ebenso viel rückwärts (**Fakie**) wie vorwärts gefahren wird und für die entsprechend eine in beide Fahrtrichtungen vergleichbare Boardkontrolle gewünscht wird.

Orientierungswerte bei der Bindungsmontage I

Einsatzzweck	Bindungswinkel	
	hinten	vorne
Freestyle	00° - 05°	05° - 20°
Freeriding	10° - 20°	25° - 40°
Freecarving	40° - 50°	50° - 60°
Race	45° - 55°	55° - 65°

Neben der Rotation erlauben die meisten Bindungen noch ein Verschieben in Richtung der Boardlängsachse. Diese Funktion erweist sich als sinnvoll, da sich damit der Abstand der Bindungen zueinander genau auf die eigene Fahrtechnik und die Körpergröße abstimmen lässt. Ein großer Abstand der Bindungen zueinander verbessert die Standsicherheit und Boardkontrolle, z. B. bei der Landung von Sprüngen. Kleine Abstände unterstützen schnelles Umkanten und zentrieren das Gewicht von Fahrer und Board, was für hohe Geschwindigkeiten günstig ist. Ein zu kleiner Bindungsabstand schränkt jedoch die Beugebewegungen der Beine ein, sodass ein optimaler Druck auf die Kante nicht mehr möglich ist.

Orientierungswerte bei der Bindungsmontage II

Körpergröße	Fußabstand Carving/Race	Fußabstand Freestyle/Freeride
150 cm	38 - 43 cm	44 - 50 cm
160 cm	40 - 45 cm	45 - 52 cm
170 cm	42 - 47 cm	47 - 54 cm
180 cm	44 - 49 cm	49 - 56 cm
190 cm	46 - 51 cm	52 - 59 cm
200 cm	48 - 53 cm	54 - 60 cm

Während verschiedene Bindungstypen und Bindungsmechanismen zu unterscheiden sind, hat sich zur Bindungsmontage ein herstellerübergreifendes, einheitliches, so genanntes „4 x 4"-System durchgesetzt. Dazu werden die Bindungen durch jeweils vier Bolzen mit im Board eingelassenen Gewindestücken, den **Inserts**, verschraubt. Je nach Länge der Boards befindet sich das Zentrum der Bindungsinserts meist etwa zwischen 1-2,5 cm hinter der Mitte der effektiven Kante.

Das Zentrum der Bindungsinserts gilt als Orientierungspunkt für die Bindungsmontage. Vordere und hintere Bindung sollten etwa im gleichen Abstand vom Zentrum der Bindungsinserts verschraubt werden. Mit einem Verschieben der Bindungen vor oder hinter das Zentrum der Bindungsinserts kann jedoch Einfluss auf die Fahreigenschaften genommen werden: Werden die Bindungen nach hinten verschoben, wird ein Board laufruhiger. Außerdem erhöht sich dadurch der Auftrieb im vorderen Bereich des Boards, was im Tiefschnee hilfreich ist. Werden die Bindungen hingegen in Richtung Boardspitze verschoben, wird ein Board drehfreudiger und lässt sich leichter driften. Dabei erhöht sich jedoch auch bei Schwüngen die Neigung des Boards zum Übersteuern und das Fahrverhalten wird insgesamt instabiler.

Schließlich ist bei der Bindungsmontage noch auf die Zentrierung des Schuhmittelpunkts über der Boardlängsachse zu achten. Nur wenn Fußspitzen und Fersen jeweils etwa den gleichen Abstand zur Kante haben, ist eine gleichmäßige Kraftübertragung möglich.

Anders als bei Skibindungen sind Snowboardbindungen dann „sicher", wenn sich auch bei Stürzen Fahrer und Board nicht trennen. Denn sowohl der Abstand vom vorderen Fuß zur Spitze als auch der Abstand vom hinteren Fuß zum Heck des Snowboards ist selten groß genug, um die für Verletzungen des Bewegungsapparats notwendigen Hebelkräfte zu entwickeln. Das gilt aber nur, solange beide Füße fest mit dem Board verbunden bleiben!

Es ist daher wichtig, die richtige Einstellung und den festen Halt der Bindung auf dem Board nicht nur bei der Erstmontage sicherzustellen, sondern möglichst zu Beginn jedes Snowboardtages: Mit einem kleinen Schraubendreher lassen sich die insgesamt acht Bolzen, die für den Zusammenhalt von Bindung und Board sorgen, schnell auf Festigkeit überprüfen. Und ein Blick auf die Bindung selbst gewährleistet, dass möglicherweise bereits vorhandene Risse im viel beanspruchten Material so rechtzeitig erkannt werden, dass vor dem zwangsläufig folgenden Bruch für einen Austausch der betreffenden Teile gesorgt werden kann.

Bei der Verwendung von Schalenbindungen ist dies für einen sicheren Start schon ausreichend. Bei Plattenbindungen sollte zusätzlich noch dem festen Halt des Schuhs in der Bindung Aufmerksamkeit geschenkt werden. Die Bindungsbacken von Fersen- und Frontteil müssen so eng eingestellt sein, dass bei eben noch zu schließendem Einstiegsbügel nicht die geringste Bewegung zwischen Schuh und Bindung möglich ist.

> Snowboardbindungen gelten dann als „sicher", wenn sie auch bei Stürzen die Verbindung von Board und Fahrer garantieren. Funktion und Montage der Bindungen sollten deshalb regelmäßig überprüft werden.

3.3 Bekleidung

Unter funktionalen Gesichtspunkten hat die Snowboardbekleidung vor allem ein Ziel zu erfüllen: bei Gewährleistung einer möglichst maximalen Bewegungsfreiheit den Körper vor Kälte und Nässe zu schützen. Diese Funktion kann jedoch nicht eine Kleidungsschicht allein übernehmen. Erst mit der Kombination verschiedener Kleidungsstücke kommt es zu einem snowboardgerechten Outfit.

Grundsätzlich ist bei der Kleiderwahl zu beachten, dass „dicker" keineswegs gleichzusetzen ist mit „wärmer". Vielmehr ist es günstiger, mehrere dünne Kleidungsschichten übereinander zu tragen als eine dicke, da die zwischen den Kleidungsstücken befindlichen Luftschichten zusätzlich zur Wärmeisolation beitragen. Gleiches gilt für das Volumen der verwendeten Stoffe: In weichen und voluminösen Materialien ist mehr Luft eingeschlossen als in festen und schweren, was für die Wärmeentwicklung von Vorteil ist.

> Mehrere dünne Bekleidungsschichten übereinander sind wärmer als wenige dicke.

Für die Dauerhaftigkeit einer angenehmen Temperierung in Snowboardmontur gibt ihr möglichst beständig trockener Zustand den Ausschlag. Zunächst bedeutet das, dass durch Schnee oder Regen bedingte Nässe nicht von außen in das Material eindringt. Ebenso wichtig ist aber auch, dass die Feuchtigkeit, die der menschliche Körper selbst in Ruhe und erst recht bei sportlicher Betätigung als Schweiß absondert, durch die Kleidung vom Körper weg nach außen gelangt. Pro Stunde werden durchschnittlich 1/16 Liter Flüssigkeit in Ruhe, 1/2 Liter bei mittlerer Belastung und gar ein Liter bei starker Belastung vom Körper freigesetzt. Gelingt es hier der Kleidung nicht, die Körperfeuchtigkeit in ausreichendem Maße nach außen zu transportieren, entsteht Verdunstungskälte. Begünstigt durch niedrige Außentemperaturen und Wind macht sich dies beim Snowboarden insbesondere bei Wechseln des Aktivitätsniveaus, beispielsweise von der aktiven Abfahrt zum passiven Sitzen im Lift, rasch negativ bemerkbar.

Um der Gefahr von Verdunstungskälte vorzubeugen, sind daher vor allem für die Unterbekleidung Materialien zu bevorzugen, die sich durch eine geringe Feuchtigkeitsaufnahmekapazität auszeichnen. Auf Baumwolle sollte daher grundsätzlich verzichtet werden, weil diese, anders als Kunstfasern, in hohem

Maße Feuchtigkeit bindet. Damit wird verhindert, dass die durch Schweißentwicklung bedingte Feuchtigkeit von den körpernahen Bekleidungsschichten nach außen abwandert. Gleiches gilt in Bezug auf die Aufnahmekapazität von Feuchtigkeit auch für Schafwolle. Sie hat, anders als Baumwolle, aber immerhin die Eigenschaft, auch im nassen Zustand noch wärmen zu können. Insgesamt die beste Wahl sind ob ihrer Kombination von großer Wärmewirkung bei geringer Feuchtigkeitsaufnahme jedoch Kunstfasern (Fleece).

Damit bei optimaler Wahl der Unterbekleidung die Körperfeuchtigkeit nicht nur von den körpernahen Bekleidungsstücken weg, sondern auch bis ganz nach außen gelangt, ist es für die Anschaffung der Außenbekleidung, Jacke wie Hose, empfehlenswert, gleichermaßen auf die Dichtigkeit des Materials gegenüber Nässe von außen zu achten sowie auf seine Atmungsaktivität.

Die Dichtigkeit eines Bekleidungsstücks gegenüber dem Eindringen von Feuchtigkeit von außen wird von Seiten der Bekleidungshersteller im Allgemeinen mit der Höhe einer Wassersäule angegeben, die, auf dem Stoff aufgetragen, gerade eben noch nicht zu einer Durchfeuchtung führt. Diese Größe gibt also den maximalen Wasserdruck an, den der betreffende Stoff ohne Durchlass aushält. Während beispielsweise der Wasserdruck beim Sitzen oder Liegen im Schnee sehr hoch ist, entwickelt Schneefall oder Nieselregen einen erheblich geringeren Wasserdruck. Als Faustregel gilt für die meisten Situationen beim Snowboarden, dass ein ausreichender Schutz vor Durchnässung von außen gegeben ist, wenn für ein Kleidungsstück eine Wassersäulenhöhe von mindestens 2.000 mm angegeben wird.

Scheinbar im Widerspruch zu wasserundurchlässigem Material steht die Forderung nach atmungsaktivem Verhalten; muss es doch dazu möglichst feuchtigkeitsdurchlässig sein. Die Vereinigung beider Aspekte in einem Kleidungsstück gelingt jedoch durch den Einsatz von Membranen. Als eine von mehreren Stofflagen ist eine Membran ähnlich aufgebaut wie ein Ventil: Ihre Poren sind groß genug, um Wasserdampfmoleküle entweichen zu lassen. Gleichzeitig sind die Poren aber auch klein genug, um Wasser und Schnee abzuhalten.

Analog zum Kriterium der (Wasser-)Dichtigkeit eines Materials wird auch die Atmungsaktivität eines Stoffs in der Einheit Millimeter gemessen. Entsprechende Werte auf atmungsaktiv gekennzeichneten Kleidungsstücken geben dabei die Wassermenge an, die innerhalb von 24 Stunden durch einen Quadratmeter des bezeichneten Stoffs verdunstet (**diffundiert**). Je größer also der angegebene Wer ist, umso besser eignet sich das Kleidungsstück für besonders schweißtreibende Aktivitäten.

> Kenngrößen bei der Beurteilung der Funktionalität von Außenbekleidung sind die Angaben zur **Wassersäule** und zum **Diffusionsverhalten**.

Zusammenfassend gelten folgende Bekleidungstipps:

- Als erste Bekleidungsschicht bietet sich so genannte **Sport-** oder **Funktionsunterwäsche** an.
- Darüber reicht für die Beinbekleidung eine Wasser abweisende und atmungsaktive Snowboardhose aus. Sie sollte über die Hüften hinaus hochgeschnitten sein, um das Eindringen von Schnee zu vermeiden. Verstärkungen im Knie- und Gesäßbereich verlängern die Lebensdauer und bieten einen zusätzlichen Feuchtigkeitsschutz dort, wo er am häufigsten gebraucht wird.
- Unter einer ebenfalls Wasser abweisenden und atmungsaktiven Jacke, gegen das Eindringen von Schnee mit Armmanschetten versehen und unten verschnürbar, wird der Oberkörper von einem (Fleece-)Pullover gewärmt.
- Komplettiert wird die Ausstattung mit Sonnenbrille, Mütze und Handschuhen. Letztere sind beim Snowboarden einem hohen Verschleiß ausgesetzt, weshalb auf verstärkte Fingerkuppen und Handinnenflächen beim Kauf unbedingt zu achten ist. Ein bis auf den Unterarm reichender Handschuhschaft hält den Schnee aus den Ärmelenden fern.

4 CROSSOVER – ALTERNATIVE BEWEGUNGSERFAHRUNGEN NUTZEN

Wer Snowboarden lernt, lernt eine Sportart. Gelernt wird dabei aber auch stets, mit dem eigenen Körper immer besser umzugehen. Es werden Erfahrungen gemacht im Umgang mit gleitendem Gerät, mit Balance und Gleichgewicht, mit der Bewältigung komplexer Situationen usw. Diese Erfahrungen können wiederum in anderen Bereichen und Sportarten nutzbar gemacht werden, was umgekehrt natürlich genauso gilt. **Crossover** wird dieser sportartübergreifende Effekt von Bewegungserfahrungen genannt, von dem nicht nur Neulerner profitieren. Vielmehr lassen sich durch ein gezieltes Crosstraining neben allgemeinen konditionellen und koordinativen Fähigkeiten auch sportartspezifische Bewegungsmuster verbessern. Dabei kommt dem Crosstraining, insbesondere bei einer saisonalen Sportart wie Snowboarding, eine besondere Bedeutung zu. Denn wer hat schon das ganze Jahr über einen schneebedeckten Hang vor der Tür?

Ein ideales Crosstraining hat ein vergleichbares neuromotorisches Anforderungsprofil, was in diesem Fall heißen soll, dass eine möglichst große Verwandtschaft zum Snowboarden besteht. Damit ist **nicht** gemeint, dass die bei anderen sportlichen Aktivitäten gesammelten Erfahrungen analog übertragbar sind. Vielmehr sind bei den so genannten **Transfersportarten** unter gleichartigen Bedingungen ähnliche Muskelgruppen in ähnlicher Weise beteiligt, sodass die Vernetzung der einzelnen Muskelzellen über die Nervenbahnen mit dem die Bewegung steuernden motorischen Zentrum im Gehirn in einer Weise vorangetrieben wird, wie sie auch beim Snowboarden benötigt wird. Mittels der dem Snowboarden augenscheinlich nahe stehenden Sportarten, wie z. B. Wellenreiten, Wakeboarding oder Skateboarding, lässt sich somit die allgemeine Bewegungskoordination beim Snowboarden trainieren. Tatsächlich betreiben die eben genannten Sportarten viele professionelle Snowboarder im Sommertraining.

Daneben finden sich aber auch Sportarten, deren Zusammenhang zum Snowboarding zunächst weniger offensichtlich scheint. So zählen die Snowboard Pros Craig Kelly oder Julie Zell beispielsweise neben dem Surfen und Skaten noch Mountainbiking, Klettern, Golf, Karate und Yoga als von ihnen bevorzugt

betriebene Aktivitäten auf. Als wesentlicher Grund für das breite sportliche Engagement wird von ihnen dabei der Spaß an der Sache genannt; – mit dem „Bonus", wie es Kelly ausdrückt, dass bei fast allen sportlichen Betätigungen einzelne Aspekte zu finden sind, die einen positiven Effekt auf das eigene Können beim Snowboarden erwarten lassen.[2] Durch die Vielseitigkeit vermag Crosstraining somit insbesondere im leistungssportlichen Bereich, einseitigen Belastungen physischer und psychischer Art vorzubeugen.

---

2 Vgl. Chorlton, 1999.

Doch auch, wer nicht nach höchsten Ehren im sportlichen Wettkampf strebt, sollte sich mit Crosstraining beschäftigen. Denn je deutlicher wird, welche Anforderungen die Sportart Snowboarding stellt, umso gezielter können

- sich Neulerner auf den zukünftigen Wintersport vorbereiten, um schneller, sicherer und damit auch motivierter zu lernen.
- bereits erfahrene Snowboarder Konditions- und Koordinationsproblemen zu Beginn der Saison oder in den ersten Tagen des Winterurlaubs vorbeugen.
- Schwierigkeiten und Lernhindernisse bei bestimmten Bewegungen auf dem Board überwunden werden.

Bei der Analyse der koordinativen Anforderungen steht beim Snowboarding sicher die **Gleichgewichtsfähigkeit** an erster Stelle. Dabei ergibt sich jedoch die Schwierigkeit, dass im Alltag erprobte Muster hier kaum greifen. Da beide Füße in einem festen Abstand zueinander auf dem Board fixiert sind, kann beispielsweise ein gewohnter Ausstellschritt zum Balanceerhalt nicht zur Anwendung kommen. Es macht aus Sicht eines snowboardorientierten Crosstrainings daher Sinn, Bewegungen zu suchen, bei denen die Wahrung des Gleichgewichts

überwiegend durch Bewegungen des Rumpfs und der oberen Extremitäten betrieben wird. Relativ einfach lässt sich dies mit einem Turnkreisel arrangieren. Als Sportart kommt hier z. B. Kajaking in Betracht.

Die **Rhythmusfähigkeit** beeinflusst beim Snowboarden die Bewegungsausführung beim Schwingen. Die fließende Aneinanderreihung von einzelnen Bögen zu einer Schwungfolge macht alpines Fahrkönnen aus. Dabei lässt sich Rhythmusfähigkeit bei allen zyklischen Bewegungen trainieren. Schon beim Schwingen auf einer Kinderschaukel muss ein Rhythmus gefunden werden, der die eigenen Bewegungen zur Steigerung der Schwunghöhe beitragen lässt und nicht der Schaukelbewegung entgegensteht. Auch Fahrradfahren ist dann ökonomisch, wenn die Beine möglichst in einem gleichmäßigen Rhythmus bewegt werden. Da beim Snowboarden aber der eigene Bewegungsrhythmus auch auf die äußeren Bedingungen abgestimmt werden muss, bieten sich als Crosstraining Sportarten an, die eine Anpassung der eigenen Bewegungen an einen vorgegebenen Rhythmus verlangen, wie dies z. B. beim Tanz oder dem Rudern in einem Team gegeben ist.

Mit **Kopplungsfähigkeit** wird das Vermögen beschrieben, verschiedene Teilkörperbewegungen, z. B. von Armen und Beinen, in eine Gesamtbewegung zu integrieren. Beim Snowboarden bildet eine harmonische Abstimmung von Bein- und Oberkörperbewegung die Voraussetzung für sauber geschnittene Schwünge. Und bei Sprungmanövern kommen neben der Koordination von Beinen und Armen für Absprung und Landung noch Bewegungen hinzu, die für das Styling in der Luft sorgen. Unter dem Aspekt eines Crosstrainings ist zunächst festzustellen, dass sich natürlich alle sportlichen Bewegungen mehr oder weniger aus verschiedenen Teilkörperbewegungen zusammensetzen. In Bezug auf das Snowboarden eignen sich jedoch vor allem solche, die auf eine Abstimmung von Beinen, – Rumpf und Armen abheben; was vielleicht die Golfambitionen der eingangs erwähnten Craig Kelly und Julie Zell erklärt.

Das Vollführen von Sprungmanövern beim Snowboarden verlangt eine ausgeprägte **Orientierungsfähigkeit**. Nur wenn die eigene Körperlage im Flug in Bezug auf Abstand und Neigung zum Untergrund richtig wahrgenommen wird, gelingen Sprung und Landung. Viele der erfolgreichen Halfpipeboarder trainieren deshalb diese Fähigkeit beim Trampolinspringen.

Auch beim „normalen" Fahren kommt der **Orientierungsfähigkeit** eine große Bedeutung zu. Auf Skipisten ist es unumgänglich, die eigene, bewegte Position im Abstand zum Pistenrand, Liftpfeilern oder den anderen, ebenfalls bewegten Skiläufern und Snowboardern einzuordnen. Die eigenen Bewegungen können so auf das bewegte Umfeld abgestimmt und Kollisionen vermieden werden, während bei plötzlich auftauchenden Hindernissen die Orientierungsfähigkeit für das Wissen um einen Raum zum Ausweichen sorgt. In diesem Fall ist dann noch eine gute **Reaktionsfähigkeit** gefragt, um diesen Raum auch schnellstmöglich zu nutzen. Unter den hier beschriebenen Anforderungen bieten sich als Crosstraining damit Sportarten an, die sich durch begrenzte Räume definieren, in denen vielfältige Bewegungen stattfinden und die ein ständiges Reagieren, sei es auf Bewegungen von Gegnern oder bewegten Objekten, verlangen. Dies ist z. B. bei den Spielsportarten, Basketball, Hockey usw. der Fall.

Schließlich stellen beim Snowboarden vor allem noch die wechselnden Untergrundbeschaffenheiten Anforderungen an die **Umstellungsfähigkeit**. D. h., die eigenen Bewegungen müssen sich variierenden äußeren Bedingungen möglichst rasch und effektiv anpassen, wenn beispielsweise anstelle nassen, schweren Schnees plötzlich im Schatten einer Baumgruppe gefrorener Sulz zu befahren ist oder der griffige Schnee auf der Piste überraschend einer Eisplatte weicht.

Insbesondere die Anforderungen an die Umstellungs- und Reaktionsfähigkeit machen deutlich, warum Snowboarding zu den **situativen** Sportarten zählt. Gemeinsames Kennzeichen dieser Sportarten sind ständig wechselnde Bedingungen, welche die Sporttreibenden immer wieder mit neuen und überraschenden Aufgaben konfrontieren, die jeweils eine situationsangepasste Lösung erfordern.

Wechselnde Hangneigungen und Untergrundbeschaffenheiten oder variierende Licht- und Sichtverhältnisse sind hier nur als Beispiele äußerer Bedingungen zu nennen, die beim Snowboarden z. T. selbst bekannte Abfahrten verändern. Und neben den durch das Gelände oder die Witterungsfaktoren bestimmten Einflüssen ist insbesondere beim alpinen Boarden auf Skipisten immer wieder mit ungeahnten Bewegungen der übrigen Wintersport Treibenden zu rechnen, die zu raschen Richtungswechseln oder schnellen Stopps zwingen. Solche Situationen werden umso erfolgreicher bewältigt, je besser die eigene Wahrnehmung trainiert ist, je sensibler das eigene Tun an der Nahtstelle zur Umwelt „erfühlt" werden kann. Sportarten, bei denen die Schulung der Körperwahrnehmung einen zentralen Aspekt darstellt, wie z. B. bei den Budosportarten, Karate, Judo usw. oder beim Yoga, sind daher als Crosstraining zum Snowboarding bestens geeignet.

5 WARM-UP – DIE RICHTIGE VORBEREITUNG

Die Bedeutung des Aufwärmens für ungetrübten Sportspaß begründet sich in der Minimierung des Verletzungsrisikos und der Sicherung einer optimalen Koordination von Beginn an. Dies gilt umso mehr bei einer Sportart wie dem Snowboarden, bei der Stürzen und Fallen untrennbar dazugehören. Denn zum einen schränken schlecht vorbereitete, „steife" Muskeln das Koordinationsvermögen ein, was sowohl die Sturzwahrscheinlichkeit erhöht als auch die Chancen minimiert, sich beim Fallen situationsangepasst zu bewegen. Zum anderen reagieren „kalte" und wenig elastische Muskeln auf plötzliche Anspannungen, z. B. infolge von Stürzen, deutlich empfindlicher, was die Verletzungsanfälligkeit steigert. Daraus leitet sich ab: Wer sich nicht aufwärmt, stürzt öfter, fällt härter und verletzt sich häufiger.

Für einen optimalen Start zu Beginn eines jeden Snowboardtages oder nach längeren Pausen ist zu beachten, dass Aufwärmen keineswegs gleichzusetzen ist mit Dehnung. Vielmehr setzt effektives Dehnen eine bereits vorgewärmte Muskulatur voraus, was im Kontext des Snowboardens gar nicht so einfach ist. Denn die Außentemperaturen sind niedrig und die Bewegungsfreiheit ist durch das Tragen von Soft- oder gar Hardboots derart eingeschränkt, dass wenig andere Möglichkeiten bleiben, als sich leicht auf der Stelle hüpfend und mit den Armen schwingend aufzuwärmen. Dabei macht es Sinn, möglichst einen Platz an der Sonne aufzusuchen oder an besonders kalten und windigen Tagen die Erwärmung sowie auch das nachfolgende Dehnen im Inneren einer Bergstation oder Hütte vorzunehmen.

Sobald das anfängliche Frösteln mindestens wohliger Wärme gewichen ist, kann mit der Dehnung begonnen werden. Als Dehnmethode hat sich das Stretching durchgesetzt. Im Gegensatz zu dynamischen, federnden Übungen wird beim Stretching die Dehnungsstellung über einen bestimmten Zeitraum, meist 20-30 Sekunden, beibehalten. Die Hauptwirkung des Stretchings zielt dabei auf die jeweils angesprochenen Muskeln bzw. Muskelgruppen und das diese steuernde Nervensystem. Gleichwohl werden auch positive Auswirkungen auf die Gelenkmobilität sowie die Elastizität des Bindegewebes beschrieben.

Insgesamt ergibt sich hieraus neben der Verletzungsprophylaxe im optimalen Fall auch
- eine Ökonomisierung der Bewegung, d. h., Bewegungen lassen sich mit weniger Kraftaufwand ausführen.
- eine Steigerung der Muskelleistung, indem der Muskel in einen optimalen Spannungszustand (Muskeltonus) gebracht wird.
- eine schnellere Regeneration nach Belastungen.

Folgende Hinweise sollten beim Stretching beachtet werden:
- Je konzentrierter das Stretching durchgeführt wird, umso effektiver kann es sein. Dazu hat es sich bewährt, das Stretchen einer bestimmten Systematik folgen zu lassen; z. B. mit den oberen Körperpartien beginnend, über Rumpf und Arme bis zu den Zehenspitzen vorzudringen – oder umgekehrt. Grundsätzlich gilt: lieber wenige Übungen korrekt ausführen, als viele ungenau.
- Beim Stretchen sollten stets beide Körperhälften gleichermaßen angesprochenen werden und auf die Dehnung eines Muskels bzw. einer Muskelgruppe (Agonist) sollte die Dehnung ihres jeweiligen Gegenspielers (Antagonist) folgen (z. B. auf die Dehnung des Armbeugers die des Armstreckers usw.). Dies ist deshalb von Bedeutung, weil sich durch Stretching die Muskelspannung in den jeweils angesprochenen Bereichen verändert, eine optimale Koordination aber ein Spannungsgleichgewicht erfordert.
- Sowohl das Einnehmen als auch das Auflösen einer Dehnungsposition sollte nicht abrupt, sondern langsam erfolgen.
- Im Verlauf der Dehnung sollte das daraus resultierende Spannungsgefühl angenehm erträglich sein. Weil beim Stretching ganz gezielt die Hemmung des Streckreflexes eines Muskels angegangen wird, lässt das Spannungsgefühl meist nach wenigen Sekunden ein wenig nach.
- Während des Dehnens nicht den Atem anhalten, sondern ruhig und gleichmäßig weiteratmen.
- Zur Steigerung der Effektivität sollte jede einzelne Übung 1-2 x wiederholt werden.

Die nachfolgenden Beispiele stellen eine Auswahl von möglichen Stretchingübungen dar, die vor dem Hintergrund des Anforderungsprofils der Sportart Snowboarding getroffen wurde. Dabei mag es vielleicht verwundern, dass neben Übungen für die maßgeblich am Zustandekommen der „eigentlichen" Bewegung auf dem Board verantwortlichen Muskelgruppen der unteren Extremitäten auch umfangreiche Übungen für Rumpf und Arme aufgeführt sind.

Beim Freestyle- oder Halfpipeboarden liegt die Erklärung auf der Hand: Sei es beim **Tweaken** oder bei **Grabs**, hier ist der gesamte Körper gefragt. Auch das alpine Snowboarding ist natürlich eine Ganzkörperbewegung. Hier sind die oberen Extremitäten vor allem bei Stürzen hohen Belastungen ausgesetzt, sodass eine entsprechende Vorbereitung durchaus darüber entscheiden kann, ob es infolge eines Sturzes beispielsweise „nur" zu einer Unterarmzerrung oder aber zu einem Muskeltrauma kommt.

Zur Dehnung der **Nackenmuskulatur** wird das Kinn auf die Brust genommen und die Hände im Nacken verschränkt. Das Gewicht der Arme und des Kopfs reicht jetzt aus, um eine Dehnung zu erreichen.

Zur Dehnung der **seitlichen Halsmuskulatur** den Kopf zur Seite neigen. Die Seitneigung wird vorsichtig mit der Hand unterstützt, zu welcher der Kopf geneigt ist. Wird die jeweils andere Hand zusätzlich noch zum Boden gestreckt, lässt sich die Dehnung intensivieren.

Die **breite Rückenmuskulatur** und die **hintere Schultermuskulatur** (Deltamuskel) lassen sich dehnen, indem ein Arm auf Schulterhöhe vor dem Körper angewinkelt wird. Die Hand des anderen Arms greift von oben an den Ellbogen und zieht den zu dehnenden Arm zu sich herüber.

Ebenfalls der **breite Rückenmuskel** sowie der **Oberarmstrecker** und verschiedene **kleinere Schultermuskeln** werden gedehnt, indem eine Hand

Dehnung der Nackenmuskulatur

Dehnung der seitlichen Halsmuskulatur

Dehnung der hinteren Schultermuskulatur mit Armeinsatz

von oben zwischen die Schulterblätter geführt wird. Am Ellbogen des dazugehörigen Arms wird nun mit der jeweils anderen Hand angesetzt und dieser nach hinten unten gezogen.

Zur Dehnung der **seitlichen Lenden- und Bauchmuskulatur**, des breiten Rückenmuskels sowie bedingt auch des Oberarmstreckers annähernd die gleiche Ausgangsposition einnehmen wie bei der vorangegangenen Übung. Lediglich die Füße aus Gleichgewichtsgründen weiter auseinander stellen. Bei dieser Übung wird nun der Oberkörper zur Seite geneigt und dabei durch den am Ellbogen ansetzenden Arm unterstützt. Verstärkt werden kann die Dehnung durch das bewusste Herausschieben der Hüfte seitlich in den Spannungsbogen hinein.

Dehnung von Rückenmuskulatur und Oberarmstrecker

Dehnung der seitlichen Lenden- und Bauchmuskulatur und des breiten Rückenmuskels

Dehnung von Oberarmbeuger, Innenrotatoren der Schulter und großem Brustmuskel

Die Dehnung der **Oberarmbeuger, Innenrotatoren der Schulter** sowie der **große Brustmuskel** erfolgt, indem beide Arme mit der Handfläche nach unten hinter dem Körper auf einer festen Unterlage, z. B. einem Tisch oder dem senkrecht stehenden Board, abgestützt werden. Mit aufrechtem Oberkörper so weit in die Knie gehen, bis sich die gewünschte Spannung einstellt.

Die **Beuger von Ober- und Unterarm** lassen sich dehnen, indem die Handflächen bei gestreckten Armen vor dem Körper auf eine feste Unterlage, z. B. eine Tischfläche, aufgestützt werden. Die Finger zeigen dabei zum Körper. Durch dosiertes Beugen der Beine wird nun die entsprechende Spannung aufgebaut.

Alternativ dazu kann auch die folgende Übung gewählt werden, bei der zusätzlich zu den **Beugern von Ober- und Unterarm** auch noch der **große Brustmuskel** gedehnt wird. Dazu wird, quer zu einer Wand oder einem anderen festen Hindernis stehend, der diesem jeweils zugewandte Arm parallel zum Boden nach hinten gestreckt und die Handfläche daran abgestützt. Durch seitliches Wegdrehen des Oberkörpers vom Hindernis stellt sich die gewünschte Dehnung ein.

Dehnung der Armbeuger

Dehnung von Armbeuger und Brustmuskulatur

Zur Dehnung des **breiten Rückenmuskels**, des **großen Brustmuskels** sowie einiger **kleiner Schultermuskeln** den Oberkörper etwa rechtwinklig in der Hüfte nach vorne beugen und die gestreckten Arme in Verlängerung des Oberkörpers an einer festen Unterlage, z. B. einem Tisch oder dem senkrecht stehenden Board, abstützen. Jetzt den Oberkörper zwischen den Armen hindurch bis zur gewünschten Spannung in Richtung Boden drücken.

zu einer Wand stehend, die Arme über den Kopf nach hinten geführt, bis sie sich dort abstützen können. Bei möglichst gestreckten Beinen und Armen den Kopf in den Nacken nehmen und den Bauch bis zur gewünschten Spannung nach vorne herausdrücken.

Zur Dehnung der **vorderen Oberschenkelmuskulatur** (Oberschenkelstrecker) und des **Hüftbeugers** gilt es, zunächst einen sicheren Stand auf ei-

Dehnung der breiten Rückenmuskulatur und der Brustmuskulatur

Für die Dehnung von **Hüftbeuger**, **gerader Bauchmuskulatur**, **Brustmuskeln** und **Oberarmstrecker** ist wieder eine ausreichend hohe, senkrechte, feste Stützfläche (Wand) erforderlich. In Abhängigkeit zu Körpergröße und Flexibilität werden, in etwa einem halben Meter Abstand mit dem Rücken

Dehnung von Hüftbeuger, Bauch- und Brustmuskulatur

nem Bein zu finden. Dabei ist es meist sinnvoll, sich am eigenen, senkrecht gestellten Board, einer Absperrung oder einer Wand abzustützen. Das andere Bein wird jetzt angewinkelt und der Fuß desselben mit einer oder bei freihändigem Stehvermögen mit beiden Händen hinter dem Rücken festgehalten. Das Knie zeigt nach unten. Mit dem Vornehmen der Hüfte des angewinkelten Beins lässt sich die Stärke der Dehnung bestimmen.

Die Dehnung der **hinteren Oberschenkelmuskulatur** (Oberschenkelbeuger) und der **Wadenmuskulatur** wird meist durch ein Spannungsgefühl eben oberhalb der Kniekehle wahrgenommen. Der Fuß des zu dehnenden, gestreckten Beines wird dabei am besten vor dem Körper erhöht aufgelegt, z. B. auf einer Bank, einer Absperrung am Lift oder einer Bindung des senkrecht stehenden, eigenen Boards. Ist keine geeignete Ablage verfügbar, kann jedoch auch auf der Ebene gedehnt werden. In jedem Fall ist jetzt zu versuchen, sich mit geradem Rücken dem gestreckten Bein (die Fußspitze zeigt nach oben) entgegenzubeugen, bis die gewünschte Spannung erreicht ist.

Dehnung von Oberschenkelstrecker und Hüftbeuger

Dehnung des Oberschenkelbeugers und der Wadenmuskulatur

Zur Dehnung der **Wadenmuskulatur** müssen die Schuhe geöffnet und bei Hardboots gegebenenfalls zusätzlich noch die Vorlagenverstellung gelöst werden. An einer festen Absperrung oder Wand sich mit beiden Händen abstützen. Nun ein Bein nach vorne nehmen und das andere gestreckt nach hinten ausstellen. Dabei sollte die Ferse des hinteren Fußes vom Boden bzw. der Sohle im Schuh abgehoben sein. Denn die Dehnung stellt sich ein, indem versucht wird, eben diese Ferse auf den Boden hinunterzudrücken.

Die Muskeln auf der **Oberschenkelinnenseite** (Adduktoren) werden, ausgehend von einem über schulterbreiten Stand, gedehnt. Der Oberkörper wird seitwärts über das jeweils zu dehnende, gestreckte Bein geneigt und die Hüfte in die entgegengesetzte Richtung gedrückt. Die gewünschte Spannung wird über den Druck des sich auf der zu dehnenden Körperseite befindenden Arms auf die Außenseite des Oberschenkels sowie den Grad der Beugung des anderen Beins bestimmt.

Stretching stellt, wie beschrieben, eine gute Möglichkeit der akuten Vorbereitung zu Beginn eines jeden Snowboardtages oder nach längeren Pausen dar. Da Stretching zu einer beschleunigten Muskeltonussenkung und

Dehnung der Wadenmuskulatur

Dehnung der Adduktoren

dem Abbau von Stoffwechselprodukten (z. B. Laktat) beiträgt, ist es jedoch ebenso nach einem ermüdenden Ride zu empfehlen. Dabei sollten dann vor allem die besonders belasteten Muskelgruppen trainiert werden.

In Verbindung mit passiven Regenerationsmaßnahmen, wie z. B. Massage oder Sauna, lässt sich so die Erholungszeit deutlich verkürzen. Das ist nicht nur im Rahmen von Wettkämpfen besonders wichtig, sondern auch für alle diejenigen, die den nächsten Tag nicht unbedingt mit „Muskelkater" auf dem Board beginnen wollen. Darüber hinaus verbessert Stretching über das mit dem Üben notwendigerweise verbundene Erspüren von Spannungs- und Entspannungszuständen in der Muskulatur die Wahrnehmungsfähigkeit und das Körpergefühl, was wiederum grundsätzlich der Bewegungskoordination zugute kommt.

6 PERFORMANCE – SNOWBOARDEN LERNEN UND OPTIMIEREN

Im zentralen Kapitel dieses Buches geht es um die Bewegungspraxis auf dem Snowboard. Nach einer Einführung in das zu Grunde liegende, allgemeine theoretische Verständnis des Bewegungslernens dienen nachfolgende Bewegungsbeschreibungen und Übungshilfen dazu, die eigenen Fertigkeiten in allen Bereichen des Snowboardsports zu entwickeln und zu verbessern.

6.1 Lerntheoretische Grundlagen

Die Sportart Snowboarding zeichnet sich durch eine hohe Komplexität von Anforderungen aus: Die eigene Balance muss gehalten, die Bewegungsrichtung und Geschwindigkeit kontrolliert sowie die eigenen Bewegungen auf die situativen Gegebenheiten des Umfeldes abgestimmt werden usw. (vgl. Kapitel 4). Auf Grund der begrenzten Kapazität des menschlichen Bewusstseins ist es im Bewegungsvollzug jedoch unmöglich, die eigene Aufmerksamkeit gleichermaßen auf alle Teilaspekte der Bewegung zu richten.[3]

Im Zuge des Lernprozesses kommt es daher über die Abstraktion von Bewegungserfahrungen zur Ausbildung von übergeordneten Bewegungsmustern, in welche die Teilaspekte der Bewegung integriert sind. Sie stellen quasi einen allgemeinen Ablaufplan dar, nach dem eine Bewegung ausgeführt wird und der im Moment des Bewegungsvollzugs lediglich in seinen Ausführungsparametern, wie Auswahl der beteiligten Muskeln, Stärke des Krafteinsatzes usw., den jeweils aktuellen situativen Bedingungen angepasst werden muss.[4] Das bedeutet für das Bewegen in der Praxis, dass zunehmend weniger nach neuen Lösungen zu Bewegungsproblemen gesucht werden muss. Vielmehr kann auf der Basis des Erkennens von Ähnlichkeiten mit zuvor erlebten Situationen auf vorhandene lösungsdienliche Strukturen zurückgegriffen werden.

Die Ausprägung der Bewegungsmuster, Bewegungsprogramme oder auch Bewegungsschemata vollzieht sich umso effektiver, je größer die Variationsbreite

---

3 Vgl. zur begrenzten Kapazität des menschlichen Bewusstseins z. B. Steiner, 1988; Körndle, 1993.
4 Vgl. zur Schematheorie motorischen Lernens Schmidt, 1975.

der darin enthaltenen Bewegungserfahrungen ist.[5] Entsprechend gestaltet sich die Lösung der sich in der Praxis stellenden Bewegungsaufgaben umso erfolgreicher, je breiter die in den Bewegungsprogrammen abstrahierten Bewegungserfahrungen gestreut sind. Für die Gestaltung von Lernprozessen leitet sich aus diesen Überlegungen ab, dass weniger das Wiederholen identischer Bewegungsabfolgen oder das Ausführen bestimmter Fertigkeiten unter gleichen oder ähnlichen Situationsbedingungen den Aufbau eines wieder erkennbaren Musters fördert, sondern vielmehr variables und kontrastreiches Üben.

Die in diesem Kapitel thematisierte Bewegungspraxis zum Erlernen und Optimieren der eigenen Bewegungen auf dem Snowboard baut auf diesem Konzept auf. Dabei soll die angestrebte, zunehmend kontrolliertere Beherrschung des Snowboards durch provozierende Aufgabenstellungen erreicht werden, die über eine Vielzahl möglicher Lösungen genügend Raum zum eigenen Experimentieren bieten.[6] Das ist vor allem in Bezug auf das Erproben der eigenen Gleichgewichtsposition auf dem Board wichtig, da Bewegungen, die durch eine fortwährende potenzielle Bedrohung des Gleichgewichts gekennzeichnet sind, ein sicheres Agieren auf Grund von Bewegungsvorschriften nicht zulassen.[7]

Der Weg, durch Aufgabe, Situation und individuelle Vorerfahrungen (vgl. Kapitel 4) sportpraktisches Können zu entwickeln,[8] schließt dabei ein, sich im Üben auch der anderen als der gewohnten Bewegungsrichtung und bevorzugten Seite anzunehmen: also auch rückwärts (**Fakie**) zu fahren und mal die Fußstellung (von **Regular** zu **Goofy** bzw. umgekehrt) zu wechseln. Die Summe der möglichen Bewegungserfahrungen erweitert sich auf diese Art und Weise enorm. In der Folge kommt die Auseinandersetzung mit dem Bewegen auf der „schlechten" Seite daher den Bewegungen auf der bevorzugten Seite insgesamt zugute. Gleiches gilt für den Übungsort. Markante Geländedeformationen erweitern die Bewegungserfahrungen. Dabei erschließen sich nicht nur neue Wahrnehmungsmöglichkeiten, sondern im Vergleich der wechselnden Bewegungssituationen werden die invarianten Anteile eines funktionalen Bewegungsschemas zunehmend deutlicher; das Fahren auf dem Board immer sicherer.

Das Neulernen des Snowboardens, die Ausbildung von sportartspezifischen Bewegungsschemata, geht mit der Entwicklung einer differenzierten Wahrnehmungsfähigkeit einher, die aus einer möglichst variablen Auseinandersetzung mit den Bewegungsmöglichkeiten resultiert. Beim Optimieren bereits vorhandener Bewegungsfertigkeiten auf dem Board wird wiederum eben diese differen-

---

5 Vgl. zur „Variability of Practice" – Hypothese Schmidt, 1988.
6 Vgl. zur Gestaltung von Lernbedingungen z. B. Nagel, 1995.
7 Vgl. zum Bewegungslernen in Gleitsportarten Trebels/Funke-Wieneke , 1997.
8 Vgl. zu diesem Verständnis von Bewegungslehre Wiemeyer, 1997.

zierte Wahrnehmungsfähigkeit durch eine gezielte Aufmerksamkeitslenkung auf äußere (z. B. Gelände) oder innere Aspekte (Körperteile, bewegungsbegleitende Emotionen usw.) der betreffenden Bewegung genutzt. Dies erfolgt modellhaft mit dem Ziel, das übergeordnete Bewegungsschema einer zu optimierenden Bewegung wieder aufzubrechen, um unfunktionale Teilaspekte der Bewegung zu modifizieren. Ist dies gelungen, werden die modifizierten Teilaspekte wieder in das übergeordnete Schema integriert, um langfristige Verhaltenänderungen, sprich Verbesserungen der Bewegungsausführung, herbeizuführen.[9]

6.2 First Steps

Der idealtypische Verlauf des Lernprozesses beim Snowboarden beginnt zunächst über das Vertrautmachen mit dem Gerät. Hier geht es um die allgemeine Handhabung vom Tragen bis zum Bindungseinstieg. Hieran schließt sich das Erproben der besonderen Bewegungsmöglichkeiten auf dem Snowboard an, d. h. vor allem die Auseinandersetzung mit der Regulation der eigenen Balance auf dem gleitenden Gerät; zunächst in der Ebene, dann am flachen Hang. Zur Unterstützung des Lernprozesses sowie aus sicherheitstechnischen Überlegungen heraus werden hier Fallübungen integriert. Die Übungen am flachen Hang führen hin zum Grundschwung, mit dem Richtung und Geschwindigkeit kontrolliert werden. Damit ist die Basis geschaffen, sich an längere und stärker geneigte Hänge zu wagen, wofür Tipps für die Benutzung von Liftanlagen folgen.

Die beidbeinige Fixierung auf dem Snowboard bedingt, dass Alltagserfahrungen zur Sicherung der Balance nur einen eingeschränkten Nutzwert haben. Zwar bleibt es auf dem Snowboard bei der gewohnten Verteilung des Körperschwerpunkts auf beide Beine. Dabei können die Füße jedoch nicht unabhängig voneinander als Stützflächen fungieren, sodass die im Alltag bewährte Reaktion, zum Abfangen des ins Ungleichgewicht geratenen Körperschwerpunkts einen Ausstellschritt zu tun, nicht möglich ist. Daher erscheint es sinnvoll, den Lernprozess mit nur einem auf dem Board fixierten Fuß zu beginnen. Das erleichtert die Sensibilisierung für die Regulation des eigenen Gleichgewichts auf dem Board ebenso, wie es die Lernenden in der potenziell angstinduzierenden Situation entlastet, bei den noch unvollkommenen Kontrollmöglichkeiten an das Board „gefesselt" zu sein. Erst wenn die Grundfunktionen Gleiten und Kanten bei gleichzeitiger Wahrung der eigenen Balance beherrscht werden, sollte auch der zweite Fuß fest in die Bindung gestellt werden.

---

9 Vgl. zum Modell der hierarchischen Schemaintegration Zimmer/Körndle, 1988.

6.2.1 Allgemeine Handhabung

Snowboarden beginnt nicht erst am Hang. Schon auf dem Weg dorthin erfordert das Board eine bestimmte Handhabung, die in erster Linie dem Schutz der anderen Wintersportler dient. Snowboards haben im Gegensatz zu den meisten Skiern keine Bremse, die im offenen Bindungszustand ein Entgleiten des auf der Belagseite liegenden Materials verhindert. Ein ungesichertes Board, dass am Hang ins Rutschen kommt, wird somit zu einer unkontrollierbaren Gefahr! Aus diesem Grund sind Snowboards mit einer Fangleine (**Leash**) ausgestattet, die am Körper zu befestigen ist; während längerer Fußwege am Handgelenk, ansonsten am vorderen Bein.

Soll das Board abgelegt werden, ist es an einem Skiständer oder Geländer ebenfalls mit der Fangleine gegen mögliches Umstürzen und Abrutschen zu sichern. Ist dies nicht möglich, kann das Board mit der Bindungsseite nach unten in den Schnee gelegt und leicht angedrückt werden.

Zum Anschnallen werden Schnee und Eis an der Boardkante oder mit dem Handschuh von der Sohle abgestreift. Grundsätzlich wird zuerst der vordere Fuß in der Bindung arretiert, anschließend der hintere. Wird das Board am Hang angeschnallt, muss es quer zur Falllinie stehen, um ein Wegrutschen zu verhindern.

Bei Plattenbindungen ist darauf zu achten, dass der Schuh exakt im Fersenbügel der Bindung eingeschoben ist, bevor der Frontbügel umgelegt wird, damit sich der Schuh nicht während der Fahrt löst.

Tragen der Boards

Bindungseinstieg im Sitzen und im Stehen

Bei Schalenbindungen wird der Schuh in der Bindung nach hinten in die Fersenaufnahme und gegen das Highback geschoben, bevor die Schnallen geschlossen werden.

Schließen einer Plattenbindung   Schließen einer Schalenbindung

6.2.2 In der Ebene, ein Fuß fixiert

Damit sich von Anfang an das Gefühl einstellt, die Bewegungen des Boards auch kontrollieren zu können, sollten die ersten Gleiterlebnisse auf dem Snowboard in der Ebene gesucht werden. Dazu wird nur der vordere Fuß in der Bindung fixiert, während sich der hintere vom Schnee abstößt und darüber, ähnlich wie beim Rollerfahren oder Skateboarden, für Vortrieb sorgt. So lässt sich die Geschwindigkeit in Abhängigkeit von der Stärke des Abdrucks individuell dosieren. Außerdem kann der hintere Fuß bei drohendem Gleichgewichtsverlust als Stütze eingesetzt werden.

Weil nur ein Fuß auf dem Board fixiert ist, kann es bei Stürzen zu hohen Belastungen des angeschnallten Beins und einer damit einhergehenden Verletzungsgefahr kommen! Die Fahrgeschwindigkeiten sollten daher niedrig gehalten und Wettspiele mit anderen vermieden werden.

Grundsätzlich ist beim Skaten darauf zu achten, dass weder Bindungsbügel noch Schnallen der hinteren, offenen Bindung über die Kanten hinausragen. Sie sind gegebenenfalls auf das Board zu klappen, damit sie nicht im Schnee hängen bleiben und dadurch einen Sturz provozieren. Ist der Anschwung ausreichend, wird der hintere Fuß zur Gleitfahrt ebenfalls auf das Board zwischen die Bindungen gestellt. Ein sinnvoller Anreiz ist es dabei, die Länge der Gleitfahrt nach einmaligem Abstoß immer weiter zu verlängern, ohne aus dem Gleichgewicht zu kommen.

Neben der Ausprägung eines sicheren Gleichgewichtsgefühls kommt als weiterer Grund für das Üben des einbeinigen Gleitens hinzu, dass dieses später zum Ein- und Ausstieg beim Schlepp- und Sessellifffahren möglichst sicher beherrscht werden muss.

Skaten auf dem Board

Zunächst liegt der Übungsschwerpunkt beim Skaten im Erfühlen der Balance bei Geradeausfahrten. Mit zunehmender Sicherheit können während der Gleitfahrt durch die Belastung von Fersen bzw. Fußspitzen die Kanten des Snowboards eingesetzt werden. Zum Einsatz der Zehenkante die Zehenspitzen auf die Stiefelsohle drücken, als wollten sie in den Schnee greifen. Ein Hochziehen der Zehenspitzen führt hingegen zur Belastung der Fersenkante. So lässt sich schon frühzeitig der grundlegende Mechanismus der Schwungsteuerung auf dem Snowboard erahnen.

> Für den Einsatz der Fersenkante werden die Fußspitzen hochgezogen. Für den Einsatz der Zehenkante drücken die Fußspitzen auf die Sohle des Stiefels, als wollten sie in den Schnee greifen.

6.2.3 Am flachen Hang, ein Fuß fixiert

Ein sicherer Stand auf dem Board sollte beim Skaten in der Ebene erreicht sein, bevor die Gleitphase an einem Hang mit leichtem Gefälle verlängert wird. Auch hier sollte der hintere Fuß zunächst noch nicht auf dem Board fixiert sein, um weiterhin bei Balanceschwierigkeiten jederzeit vom Board heruntergenommen zu werden und als Stütze dienen zu können. Besonders günstig sind als Übungsgelände seichte Hänge mit einem langen, flachen Auslauf oder einem Gegenhang. Die in der Schräge aufgenommene Fahrt braucht dann zum Ende hin nicht abgestoppt zu werden, sondern läuft am Fuße des Hangs aus.

Aufsteigen mit dem Board

Zu Anfang reicht ein Aufstieg von wenigen Metern völlig aus. Erst mit zunehmender Sicherheit steigert man die Aufstiegshöhe. Beim Aufstieg bleibt der vordere Fuß in der Bindung fixiert. In einer Art Nachstellschritt wird dabei das auf dem Board fixierte Bein an das andere herangesetzt. Durch den Druck des auf dem Board fixierten Beins wird dann bei jedem Schritt die Kante zum Abdruck eingesetzt. Einerseits entfällt damit lästiges An- und Abschnallen. Und andererseits wird gleichsam nebenbei die Basiserfahrung „Halt durch Kantendruck" erweitert.

Aufstieg mit dem angeschnallten Board

Aufstieg mit dem angeschnallten Board

PERFORMANCE

Die Kanten zum Steuern einsetzen
Durch die verlängerte Gleitphase am flachen Hang werden die in der Ebene gewonnenen Steuererfahrungen weiter ausgebaut. Abwechselndes, dosiertes Belasten von Fersen- und Zehenkante trägt dazu bei, das Gefühl für das Board und die eigene, sichere Standposition darauf zunehmend stärker auszuprägen, während parallel dazu der Funktionszusammenhang von Kantendruck und Steuerwirkung an Deutlichkeit gewinnt.

Dabei sorgen unterschiedliche Aufgabenstellungen für eine möglichst große Bandbreite an Bewegungserfahrungen:
- Fahre durch abwechselndes Belasten von Fersen- und Zehenkante eine Schlangenlinie.
- Versuche, durch die Belastung jeweils nur einer Kante einen möglichst weiten Bogen in eine Richtung zu beschreiben.
- Variiere die Radien der Bögen durch die Stärke des Kanteneinsatzes.

Bei diesen Übungen mit langsamer Fahrt am flachen Hang zeigt sich, dass schnelle, deutliche Richtungsänderungen über das ausschließliche Steuern auf der Kante nicht möglich sind. Denn der Kurvenradius wird beim Fahren auf der Kante durch die Taillierung des Boards bestimmt und kann daher bei den gängigen Designs schon konstruktionsbedingt kaum niedriger als 8 m sein. Außerdem lässt sich das Board am flachen Hang in der Kurve nur bedingt aufkanten, da die bei langsamer Fahrt in der Kurve wirkenden Zentrifugalkräfte äußerst gering sind und somit eine Neigung des Körpers zur Bogenmitte hin, mit einer damit einhergehenden Erhöhung des Kantendrucks, weder erfordern noch zulassen.

Dies lässt sich mit dem Fahrradfahren vergleichen, wo sich auch erst mit zunehmender Geschwindigkeit immer weiter in die Kurve hineingelegt werden kann.

Vom Bogentreten zum Bogenfahren
Um dennoch bei langsamer Fahrt rasche und deutliche Richtungswechsel zu realisieren, muss die Kurvenführung der Kanten zu Gunsten eines erhöhten Rutschanteils aufgegeben werden. Eine erste Vorstellung des Um-die-Kurve-Rutschens lässt sich entwickeln, indem mit dem Board um die Kurve gegangen wird. Bei diesem **Bogentreten** sollte dann zunehmend länger das Gewicht vom losen auf den auf dem Board fixierten Fuß verlagert werden: Das Board immer weniger aus dem Schnee heben, bis es schließlich auf dem Schnee um die Kurve rutscht. Der lose, hintere Fuß wird dabei zum Aussteuern immer länger mit auf das Board gestellt.

Hierbei hat sich ein wesentliches Merkmal der Schwungsteuerung beim Snowboarden gleichsam wie von selbst eingestellt. Beim Bogentreten wird der Körper in Bogenrichtung vorgedreht und das Board nachgeführt. Diesem Prinzip der Körperrotation folgen grundsätzlich alle Schwünge auf dem Snowboard: Das Vordrehen von Oberkörper, Schultern und Armen in Kurvenrichtung erzeugt einen Drehimpuls, der sich auf das Board überträgt.

Sobald der hintere, unfixierte Fuß beim Um-die-Kurve-Rutschen überwiegend mit auf dem Board steht, verlagert sich der Übungsschwerpunkt auf eben diesen Funktionszusammenhang zwischen Oberkörperrotation und Schwungauslösung/-steuerung:
- Drehe den Oberkörper mal impulsiv, mal langsam in Kurvenrichtung vor.
- Lasse die Arme in weitem Bogen um den Körper in Kurvenrichtung schwingen im Gegensatz zum Vordrehen der Schultern mit hängenden Armen.

6.2.4 In der Ebene, beide Füße fixiert

Die wesentlichen Elemente beim Snowboarden, Balance, Kanteneinsatz und Schwungauslösung/-steuerung wurden bereits vorgestellt. Im weiteren Lernprozess sollte jetzt auch der hintere Fuß fest in die Bindung gestellt werden, um die gesammelten Bewegungserfahrungen um die Besonderheiten der beidbeinigen Fixierung auf dem Board zu ergänzen. Dabei wird, wie zu Anfang des Lernprozesses, zunächst wieder in der Ebene begonnen, um die erste Auseinandersetzung mit der neuen Situation nicht zusätzlich noch durch Bewegungen des Boards zu erschweren.

Aufstehen mit angeschnalltem Board

Die erste Hürde stellt bei beidbeiniger Fixierung das Aufstehen dar. Dabei ist aus der Sitz- oder Knieposition darauf zu achten, dass das Board beim Aufstehen auch in der Ebene leicht aufgekantet bleibt, um ein Wegrutschen zu verhindern. Nun wird der Körperschwerpunkt möglichst dicht an das Board heran und schließlich darüber gebracht.

Aus kniender Position wird sich dazu mit den Händen über die Hocke bis in den Stand hochgedrückt. Damit sich das Board beim Aufrichten nicht zu flach stellt und wegzurutschen beginnt, hilft die Vorstellung, mit den Zehenspitzen in den Schnee greifen zu wollen.

PERFORMANCE 83

Aufstehen mit
dem Rücken zum Tal

Aufstehen mit
dem Rücken zum Berg

Die Schwierigkeit des Aufstehens aus dem Sitzen besteht dagegen darin, dass es vor allem im flachen Gelände weniger leicht gelingt, den Körperschwerpunkt über das Board zu bringen und gleichzeitig mit der Fersenkante Griff im Schnee zu behalten. Zum Gelingen sollte sich daher nur mit der vorderen Hand hochgedrückt werden, während die hintere Hand möglichst weit über das Board hinausgreift. Zum einen trägt das Gewicht des Arms dazu bei, den Körperschwerpunkt über das Board zu bekommen und zum anderen erleichtern die weit ausgebreiteten Arme die Balance auf der Fersenkante.

Das Aufstehen aus dem Sitzen bereitet jedoch vor allem zu Beginn des Lernprozesses häufig Schwierigkeiten. Nicht selten ist es daher sinnvoll, das Board aus dem Sitzen von der Fersen auf die Zehenkante zu drehen. Dazu werden die Knie zur Brust gezogen und durch Oberkörperrücklage das Board aus dem Schnee gehoben. Durch Drehung der Hüfte kann das Board nun senkrecht gedreht und auf das Tail gestellt werden. Über das aufgestellte Tail wird sich weiter bis in Bauchlage gerollt.

Vom Stand zur Grundposition auf dem Board

Nachdem das Aufstehen gemeistert worden ist, beginnt die Suche nach einer entspannten (Grund-)Position auf dem Board. Ein tiefer Atemzug, wobei die Schultern mit dem Einatmen angespannt hochgezogen und mit dem anschließenden Ausatmen bewusst locker hängen gelassen werden, erleichtert die Suche. Eine möglichst entspannte Haltung ist die Voraussetzung für jeden Umgang mit dem Board. Denn je weniger für den Stand auf dem Board „gearbeitet" werden muss, umso mehr Kräfte lassen sich für die gewünschten Bewegungen mobilisieren.

> Die Grundposition auf dem Snowboard ist bestimmt durch eine möglichst entspannte Körperhaltung.

Das äußere Kennzeichen der Grundposition auf dem Board liegt zunächst in der Ausrichtung des Oberkörpers in Fahrtrichtung. Dabei geht es weniger darum, den Blick nach vorn zu si-

Grundposition auf dem Board

86 SNOWBOARDING

a

b

c

d

e

f

chern, was auch durch eine einfache Kopfdrehung möglich wäre. Vielmehr wird hierdurch die Balance in die Richtungen erleichtert, zu denen es überhaupt nur möglich ist, sie zu verlieren, nämlich über die Seitenkanten des Boards. Indem die Schultern quer zur Boardlängsachse gedreht werden, wirken die Arme zu den Seiten wie eine Stange auf dem Hochseil.

> Stürze auf dem Snowboard sind nur über die Seitenkanten möglich. Die Ausrichtung des Oberkörpers quer zur Fahrtrichtung erleichtert das Wahren der Balance in eben diese Richtungen.

Die Oberkörperhaltung gilt als Schlüssel für die Grundposition auf dem Board, denn die Beinhaltung wird durch sie maßgeblich beeinflusst: Nur mit leicht gebeugten und in Fahrtrichtung gedrehten Knien ist ein entspanntes Stehen mit der beschriebenen Oberkörperhaltung möglich.

Die leichte Beugung der Beine ermöglicht Bewegungen sowohl in Richtung einer Körperstreckung als auch einer Körperbeugung. Anders als in gestreckter Haltung, welche nur ein Beugen zulässt, werden somit alle Optionen für ein effektives Bewegen zur Wahrung des Gleichgewichts ebenso wie zur Steuerung des Boards offen gehalten.

Drehung aus dem
Liegen über das Heck

Balanceübungen im Stand

Ausgehend von der Grundposition, sollten die Grenzen des Gleichgewichts zunächst im Stand nach allen Seiten erkundet werden. Kontrastierende Erfahrungen durch maximales Belasten der Boardspitze im Vergleich zur Belastung des Tails sowie über das Balancieren auf der Fersenkante des Boards im Vergleich zum Aufkanten über die Zehenkante verdeutlichen die „sichere" Position auf dem Board zunehmend.

Belastung von Boardspitze und Heck   Belastung von Fersen- und Zehenkante

Das Erspüren und rasche (Wieder-) Finden der sicheren Position auf dem Board wird ferner durch das Springen im Stand unterstützt. Sobald es gelingt, das Board im Sprung leicht aus dem Schnee zu heben und wieder sicher zu landen, können die Anforderungen gesteigert werden, indem versucht wird, das Board im Sprung auch noch um die eigene Körperachse zu drehen.

Aktives Fallen

Wie bei allen Sportarten, bei denen das Gleichgewicht eine zentrale Rolle spielt, ist das Verlieren desselben auch in der Auseinandersetzung mit dem Bewegen auf dem Snowboard angelegt. Dabei ist das Lernen umso effektiver, je mehr sich der Fahrer im Grenzbereich des persönlichen Gleichgewichts bewegt. Fallen versteht sich daher nicht als Folge von Unvermögen, sondern vielmehr als eine notwendige Komponente des Sichbewegens im lernrelevanten Grenzbereich. Wer nicht mehr stürzt, lernt auch nichts mehr.

> Nur wer die eigenen Grenzen der Balance auf dem Board auch überschreitet, lernt, diese zunehmend genauer zu bestimmen.

In Abhängigkeit von den individuellen Vorerfahrungen ist das Fallen aber häufig negativ besetzt, sodass sich auch beim Snowboarden eine Vermeidungshaltung einstellt. Diese beeinträchtigt nicht nur die Fertigkeitsentwicklung auf dem Board, sondern erhöht auch die Verletzungsgefahr. Denn die Art eines Sturzes hängt nicht nur von äußeren Faktoren wie beispielsweise der Geschwindigkeit oder der Neigung des Hangs ab. Sie wird vor allem vom Fallenden mit bestimmt! Schwere Stürze lassen sich vermeiden, wenn das Unausweichliche erkannt und entsprechend gehandelt wird.

Es ist daher wichtig, sich möglichst frühzeitig mit dem Fallen auseinander zu setzen und dieses wie andere Fertigkeiten auch zu üben. „Richtiges" Fallen bedeutet ein **aktives** Agieren im Moment des Gleichgewichtverlusts. Ein aktives Tun, nicht im Kampf um das unvermeidbar verlorene, sondern in der Gestaltung der (neuen) Situation. Ein aktives Tun, das sich mit Begriffen wie **Abfangen**, **Abfedern** oder **Abrollen** beschreiben lässt.

> Die Beherrschung des Snowboards endet nicht mit dem Sturz. Vielmehr ist Fahren und Fallen durch gezieltes Sichbewegen gekennzeichnet.

Wie aktives Stürzen aussehen könnte, zeigen beispielhaft die beiden Fotosequenzen zum Fallen über die Fersen- und über die Zehenkante.

Springen mit dem Board aus dem Stand

Stürzen über die Fersenkante

SNOWBOARDING

Stürzen über die Zehenkante

Beim Stürzen nach vorne über die Fußspitzen ist es meist günstig, ähnlich wie bei einem Volleyball-Hechtbagger, sich vorzustellen, man würde weit nach vorne abspringen. Denn über die vor dem gestreckten Körper angewinkelten Unterarme verteilt sich die Sturzenergie auf eine möglichst große Fläche. Beim Fallen nach hinten über die Fersenkante ist es dagegen vorteilhafter, sich rund wie ein Ball zu machen, um die Wucht des Sturzes abzurollen.

Unabhängig von der Fallrichtung ist es von Vorteil, die Fallenergie in Rutschenergie umzulenken. Um nach einem Sturz zunächst ein Hängenbleiben oder Verschneiden des Boards zu vermeiden, sollten möglichst zügig in Bauchlage die Unterschenkel und in Rückenlage die Oberschenkel angewinkelt werden, sodass das Board aus dem Schnee kommt.

Grundsätzlich sollte schon beim Üben darauf geachtet werden, keinesfalls die Arme zum Abstützen eines Sturzes auszustrecken. Auf diese Weise lässt sich das Risiko von Radiusfrakturen des Unterarms und Handtraumata vermindern, welche etwa ein Drittel aller Verletzungen beim Snowboarden ausmachen.[10]

> Grundsätzlich gilt für jeden Sturz, dass ein angespannter, steifer Körper, der auf den Untergrund **aufprallt**, härter und schmerzhafter fällt als ein flexibler, der die Wucht des Fallens **abzufangen, zu verteilen** und **umzulenken** vermag.

6.2.5 Am flachen Hang, beide Füße fixiert

Aufbauend auf der Erkundung des Gleichgewichts bei beidbeiniger Fixierung auf dem Board in der Ebene und Übungen zum günstigen Fallen, sollte jetzt wieder der Übungshang aufgesucht werden. Dabei sollten längere Fahrstrecken möglich sein.

Balanceübungen in Fahrt

Die Grundaufgabe besteht dabei zunächst darin, das Gleichgewicht auf dem fahrenden Board zu halten. Dabei kann durch zusätzliche Aufgaben die Erfahrungsbreite und damit der Lerneffekt vergrößert werden:
- Verlagere das Körpergewicht während der Fahrt mal möglichst weit zur Boardspitze hin und mal zum Tail.
- Richte den Körper auf dem Board möglichst weit auf. Im Vergleich dazu mache ihn klein.
- Greife Gegenstände, wie z. B. Handschuhe, im Vorbeigleiten aus dem Schnee.
- Mache während der Fahrt kleine Sprünge.

Dosierung des Kanteneinsatzes beim Seitrutschen

Quer zur Falllinie stehend, geht es jetzt darum, das Gefühl für den Kanteneinsatz weiter zu schulen. Das erworbene Kantengefühl ist später die Vorausset-

---

10 Vgl. zum snowboardspezifischen Verletzungsprofil Abendroth, 1998.

zung dafür, erste Schwünge zu fahren. Nach dem Aufstehen mit dem Rücken zum Tal drücken die Zehenspitzen im Schuh auf die Sohle, als wollten sie in den Schnee greifen. Trotz des Gefälles

Flach gestelltes und aufgekantetes Board auf der Fersenkante

kann sich so auf der Stelle gehalten werden. Je mehr sich nun der Zehendruck lockert, umso flacher legt sich das Board auf den Schnee; es beginnt, quer zur Falllinie zu rutschen. Wird sich wieder mehr auf die Zehenspitzen gestellt, kantet auch das Board steiler auf und beendet damit das Seitrutschen.

Wie das Aufstehen, so ist auch das Seitrutschen auf der Fersenkante schwieriger als auf der anderen Seite. Hochgezogene Zehenspitzen, so, als wolle man nur auf den Fersen laufen, was sich durch Anspannung in der Wadenmuskulatur deutlich bemerkbar macht, kanten das Board stark an, sodass es gegen das Wegrutschen gesichert ist. Mit dem Lockern der Zehenspitzen nimmt auch die Spannung in der Wadenmuskulatur ab. Gleichzeitig beginnt das Board, quer zur Falllinie talwärts zu rutschen. Mit dem Anziehen der Fußspitzen wird diese Bewegung wieder gestoppt.

Das Erspüren und Dosieren des wechselnden Kantendrucks lässt sich gut durch entsprechende Atmung unterstützen: Ausatmen und bewusstes Entspannen des Körpers lassen das Board mit dem Seitrutschen beginnen. Tiefes Einatmen, wobei die Schultern mit hochgezogen werden, erhöht dagegen die Körperspannung, was die Belastung von Fersen- oder Zehenkante begünstigt und das Board beim Seitrutschen wieder zum Stehen bringt.

PERFORMANCE 95

Der Kanteneinsatz beim Seitrutschen übt sich am besten durch den häufigen Wechsel von An- und Entspannung. Sofern die Möglichkeit besteht, ist es dabei hilfreich, bei den ersten Versuchen eine weitere Person als Stütze am Hang zu haben. So lässt sich zu Anfang konzentrierter, beispielsweise auch durch zusätzliches Schließen der Augen, die Wahrnehmung auf das Kantengefühl richten.

Am Anfang wird das Seitrutschen auf der Fersen- wie auch auf der Zehenkante eher ruckartig erfolgen. Mit zunehmender Übung gelingt die Bewegungsausführung jedoch immer fließender. Das schafft nicht nur eine gute Voraussetzung für die nachfolgenden Lernschritte, sondern vermittelt auch ein grundsätzliches Gefühl von Sicherheit, da mit der Technik des Seitrutschens notfalls jeder Hang – und sei er noch so schmal oder steil – zu bewältigen ist.

Auf einer Kante pendeln

Bei der Übung des Seitrutschens ging es darum, über einen auf beide Füße gleichermaßen verteilten Druck die Kante zu belasten. So wurden Bewegungen des quer gestellten Boards in Falllinie kontrolliert. Mit einer ungleichen Verteilung des Drucks auf beide Füße werden dagegen Bewegungen des Boards in seiner Längsrichtung eingeleitet.

Wieder vom Stand am Hang auf den Zehenspitzen bei quer zur Falllinie stehendem Board ausgehend, führt die Verlagerung des Körpergewichts auf das vordere Bein dazu, dass sich das Board in Bewegung setzt. Immer noch die Kante belastend, wird dazu der Oberkörper in Fahrtrichtung leicht nach vorne gebeugt. Die jetzt einzunehmende (Grund-)Haltung lässt sich am leichtesten mit der Vorstellung umschreiben, über der Boardspitze befände sich ein Lenkrad, das zum Fahrtantritt mit beiden Händen festgehalten wird.

Seitrutschen am Hang mit Stützperson

Indem der Oberkörper wieder zurückgenommen wird, während noch immer die Zehenkante belastet wird, verlagert sich das Körpergewicht vom vorderen Bein zurück auf das hintere. Die Hangschrägfahrt wird abgebremst, geht ins Seitrutschen über, kann schließlich über stärkeres Aufkanten angehalten werden. Für die Steuerung der Geschwindigkeit bei der Hangschrägfahrt hilft es, sich an der eigenen Blickrichtung zu orientieren: Zum Beschleunigen schaut man talwärts; zum Abbremsen bergwärts.

Wird das Gewicht nun noch weiter auf das hintere Bein genommen und der Oberkörper in Richtung des Snowboardhecks gedreht (beide Hände greifen nach einem unsichtbaren Lenkrad, das beinahe über dem Boardende angebracht ist), beginnt das Board mit einer Hangschrägfahrt im „Rückwärtsgang".

Auf diese Weise lässt sich, permanent auf derselben Kante stehend, auf dem Hang hin und her dem Tal entgegenpendeln. Der Sinn dieser Übung liegt im Erkunden der Beziehung zwischen der Verlagerung des Körpergewichts in Boardlängsachse und kontrolliertem Kanteneinsatz für das Steuern des Snowboards.

Vom Umgang mit der Falllinie

Das Gefälle eines Hangs ermöglicht erst Bewegungen auf dem Board. Dieser positiven Eigenschaft steht dabei jedoch häufig mehr oder weniger die Angst entgegen, sich bei der Annäherung an die Falllinie unkontrollierbaren Geschwindigkeiten auszusetzen. Die Falllinie wird wie ein Magnet wahrgenommen, der alles an sich zieht, was ihm zu nahe kommt. Das hat zur Fol-

Hangschrägfahrt vorwärts/rückwärts

ge, dass vor allem Beginner des Snowboardens wie auch des Skilaufens aus Angst vor den „Gefahren" der Falllinie den Hang bis zum jeweiligen Rand queren. Erst dort, wenn es nicht mehr weitergeht, setzen sie zu einem Bogen an. Stürzen sie dabei, sehen sie sich in ihrer Angst bestätigt. Schaffen sie die Richtungsumkehr, wird erleichtert aufgeatmet, weil es **diesmal** gerade noch mal gut gegangen ist. In jedem Fall werden sie anschließend den Hang abermals bis zu seinem Rand queren, wo sich die Problematik wiederholt usw.

Das Ziel des Snowboardens, nämlich einen Hang von der Kuppe bis zum Tal hinabzugleiten, legt es jedoch nahe, sich der Falllinie positiv anzunehmen. Der Sinn des Erlernens von Schwungtechniken auf dem Snowboard besteht keineswegs darin, die Falllinie als „Zone der Angst"[11] in Einzelaktionen möglichst schnell zu überwinden, sondern ihre Kraft im Fahren von Vielfachbögen entlang der Falllinie zu nutzen. Denn letztlich ist es gerade das Hineinlegen in die Kurve, das unbeschreibliche Gefühl beim Aussteuern eines lang gezogenen Bogens oder der Rhythmus aneinander gereihter Schwünge, was das (Flow-) Erlebnis beim Snowboarden ausmacht.

Für den Umgang mit der Falllinie leitet sich daraus ab, einen Bogen nicht möglichst kurz fahren zu wollen, um schnell aus der „Schusslinie" zu gelangen, sondern sich vorzunehmen, den Bogen zu genießen. Das hat für die Haltung auf dem Board entscheidende Konsequenzen. Denn vor unangenehmen Dingen wird **zurückgeschreckt**; das Körpergewicht auf dem Board verlagert sich unwillkürlich auf das hintere Bein, was ein Steuern unmöglich macht. In angenehme Dinge hingegen begibt man sich gern **hinein**; das Körpergewicht auf dem Board geht nach vorne. Eine kontrollierte Schwungsteuerung ist möglich.

> Die innere Einstellung zum Fahren durch die Falllinie ist entscheidend für seinen Erfolg: Nur wer sich dem Ereignis entgegenstreckt, behält die Kontrolle. Wer davor zurückschreckt, belastet unweigerlich das Tail und macht ein Steuern unmöglich.

Für die ersten Schwungversuche ist es dienlich, sich vor allem auf die Atmung zu konzentrieren. Denn neben der physischen Funktion, der Versorgung des menschlichen Körpers mit Sauerstoff, kommt der Atmung auch eine psychische Komponente zu, die sich für die Steuerung der Bewegungen auf dem Board nutzen lässt.

Mit tiefem Einatmen wird Mut gefasst und Entschlossenheit signalisiert, jetzt eine Aufgabe bewältigen zu wollen. Es stellt sicher, für ein geplantes,

---

11 Vgl. zu den psychologischen Aspekten der Schwungsteuerung Tiwald, 1984; Lange, Leist & Loibl, 1986.

SNOWBOARDING

schwieriges Unterfangen „genug Luft" zu haben. Und als ein solches schwieriges Unterfangen wird zu Beginn des Lernprozesses vor allem das Fahren durch die Falllinie wahrgenommen.

Tiefes Ausatmen ist dagegen mit Erleichterung verbunden. Es befreit von der Anspannung vor dem Queren der Falllinie und schafft Raum für ein Gefühl des Sich-Zeit-Lassens zum kontrollierten Aussteuern eines Schwungs auf der neuen Kante.

Vom Bogen zum Grundschwung

Zum Fahren eines Bogens wird zur bekannten Hangschrägfahrt das Körpergewicht auf das vordere Bein zur Boardspitze hin verlagert. Indem der Druck auf die Zehen- oder Fersenkante zunehmend minimiert wird, legt sich das Board immer flacher auf den Schnee. Es beschleunigt und dreht weiter in Richtung Falllinie. Bevor das Board jedoch tatsächlich plan mit dem Belag im Schnee aufliegt, werden mit dem tiefen Einatmen die Schultern und Arme entschlossen hochgezogen und in den Bogen hineingedreht. Dadurch kippt das Board automatisch auf die neue Kante. Auch wenn die Falllinie zu diesem Zeitpunkt noch nicht ganz erreicht ist,

Fahren eines Bogens mit deutlicher Körperrotation; Grundschwung

PERFORMANCE

hat sich mit dem Umkanten das „eigentliche" Bogenfahren bereits vollzogen. Erleichtert kann deshalb „aufgeatmet" werden. Die Arme sinken mit dem Ausatmen wieder am Körper herunter und das Körpergewicht wird vom vorderen zurück auf beide Beine verteilt, während das Board seine Drehung bis in die Hangschrägfahrt auf der jeweils anderen Kante weiterführt.

Diese Art des Bogenfahrens wird allgemein als **Grundschwung** bezeichnet, denn die beschriebenen Komponenten **Einleiten** des Bogens durch Ansteuern der Fallinie, **Umkanten** und **Aussteuern** des Bogens auf der neuen Kante finden sich bei allen Schwungformen. Weil für den Grundschwung aber auch ein hoher Rutschanteil im Bogen charakteristisch ist, ist die Bezeichnung **Driftschwung** ebenso geläufig.

Den Radius des Driftschwungs bestimmt wesentlich der Einsatz des Oberkörpers. Je stärker und schneller der Oberkörper in Schwungrichtung vorgedreht wird, umso zügiger folgt das Board. Dabei schwingen die Arme in Drehrichtung um den Körper: beim Schwung in Richtung der Fersenkante von der hinteren Hüfte vor dem Bauch herum auf den Rücken; beim Schwung in Richtung der Zehenkante entsprechend andersherum.

Als Übungshilfen für die Körperrotation hat sich in der Praxis eine Vielzahl von Aufmerksamkeitsstützen bewährt, die sich meist auf die Bewegung der Arme konzentrieren. So lässt sich die Körperrotation mit der Vorstellung unterstützen,

- mit der Außenhand die Richtung weisen zu wollen.
- sich um die Kurve boxen zu wollen. Dazu versucht die jeweilige Außenhand, dem Kurveninneren einen Kinnhaken zu verpassen.
- eine Tür öffnen zu wollen. Dazu greift die jeweilige Außenhand nach einem imaginären Türknauf im Kurveninneren.
- mit dem Außenarm in einer Kraulbewegung wie beim Schwimmen Körper und Board um die Kurve drücken zu wollen. In der rhythmischen Aneinanderreihung mehrerer Bögen kann die Bewegung der Arme dabei als fortwährendes Beschreiben großer Achten charakterisiert werden.

Ferner kann die Körperrotation mithilfe einer **Lenkstange** betont werden. Im Zusammenhang mit der Grundposition wurde bereits vorgeschlagen, sich an der Vorstellung zu orientieren, ein unsichtbar über der Boardspitze befestigtes Lenkrad greifen zu wollen. Eine tatsächlich mit beiden Händen etwa schulterbreit vor dem Körper gehaltene kurze Slalomstange, Frisbeescheibe o. Ä. macht das „Einlenken" in den Bogen deutlich erfahrbar.

Schwingen als Fahren von Vielfachbögen

Das Verständnis vom Snowboarden als „talstrebender Handlung"[12] legt es nahe, Schwingen nicht als Einzelaktion, als Wechsel von einer auf die andere Kante, aufzufassen, sondern vielmehr die kleinste Schwungeinheit als S-förmigen Doppelbogen zu definieren. In der Abfolge aneinander gereihter Bögen prägt sich leichter und deutlicher ein Gefühl für die „richtige" Bewegungskoordination ein, als mit der Ausführung isolierter Einzelbögen. Denn anders als bei einem Einzelbogen, bei dem es letztlich nur um die Querung der Falllinie geht, bleibt beim Fahren von Doppel- oder besser noch Vielfachbögen das Wesen des Snowboardens als Bewegung entlang der Falllinie erhalten. „Der Sinn des Schwunges ist daher nicht Umkehr, wie der Sinn des Bogens, sondern Fortschritt."[13] Dieser Aspekt sollte beim Üben berücksichtigt werden.

Die kleinste Schwungeinheit beim Üben sollte nicht der Einzel-, sondern der Doppelbogen sein, um das Wesen der Bewegung, die talstrebende Handlung, zu erhalten.

6.2.6 Nutzung von Liftanlagen

Für die kommenden Lernschritte lohnt es sich, das anstrengende Erklimmen des Übungshangs mittels moderner Technik zu erleichtern. So lassen sich längere Phasen des Übens in einem Stück absolvieren und die ohnehin durch die Auseinandersetzung mit dem neuen Sportgerät stark strapazierten Körperkräfte werden nicht noch zusätzlich durch dauerndes Aufsteigen beansprucht.

Bei **Gondel- oder Kabinenbahnen** wird das Board in der Hand getragen, was keiner besonderen Vorbereitung bedarf. Bei der Benutzung von **Sesselliften** wie auch von **Schleppliften** kommt dagegen das bereits geübte Skaten zum Einsatz.

Im Sessellift

Sessellifte sind meist für mehrere Personen ausgelegt, die, nebeneinander sitzend, auf den Berg transportiert werden. Für Snowboardanfänger ist es günstig, sich zum Einstieg an den Außenpositionen einzureihen. Durch eventuelle Unsicherheiten beim Ausstieg werden die anderen Fahrgäste auf diese Weise weniger behindert. Wird die Liftfahrt jedoch mit erfahrenen Ski- oder Snowboardbekannten unternommen, kann es wiederum günstiger sein, seinen Platz in der Mitte zu suchen, damit gegebenenfalls auf eine beidseitige Stütze zurückgegriffen werden kann.

---

12 Das hier zu Grunde gelegte Verständnis zum Snowboarden als talstrebende Handlung orientiert sich an den Ausführungen Tiwalds, 1984, zum Skilauf.
13 Vgl. Tiwald, 1984, S. 58.

Einstieg in einen Sessellift

Haben sich die Schranken zum Einstieg geöffnet, wird sich skatend bis zu einer Markierung vorbewegt. Während die Boardspitze in Fahrtrichtung des Lifts zeigt, wird sich nach dem von hinten ankommenden Sessel umgedreht und bei seiner Ankunft hineingesetzt.

Mit dem Aufsteigen des Sessels geht der Bodenkontakt verloren. Ein Bügel, der jetzt geschlossen wird, schützt vor dem Herausfallen. An diesem sind meist Querstreben montiert, auf denen der vordere Fuß mit dem angeschnallten Board während der Bergfahrt abgesetzt werden kann. Rechtzeitig vor dem Ausstieg kündigen Schilder das Öffnen des Bügels an. Das Board wird in der Luft gehalten und die Boardspitze leicht angehoben. Sobald das Board wieder Bodenkontakt hat, wird der hintere Fuß zwischen die beiden Bindungen auf das Board gestellt und sich vom Sitz hochgedrückt. Die hintere Hand stützt sich dabei noch solange von der Vorderkante des Sitzes ab, bis ein ausbalancierter Stand auf dem Board gegeben ist. Erst dann wird sich in Richtung des Ausstiegs abgedrückt. Gerade bei den ersten Liftfahrten fällt es häufig schwer, beim Ausstieg zu einer entspannten Haltung auf dem Board zu kommen. Es ist deshalb besonders wichtig, möglichst gelassen dem Ausstieg entgegenzusehen und sich hierbei nicht unnötig hetzen zu lassen.

Grundsätzlich gilt: Lockerheit bringt Sicherheit!

Ausstieg aus einem Sessellift

Im Schlepplift

Bei Schleppliften sind so genannte **Tellerlifte** und **Ankerlifte** zu unterscheiden. Ihr Name charakterisiert die jeweilige Form des unteren Endes der am Liftseil aufgehängten Schleppstangen. Das Prinzip ist jeweils das Gleiche: Skiläufer oder Snowboarder werden, auf ihrem Sportgerät stehend, in einer Liftspur im Schnee den Berg hinaufgezogen.

Zum Einstieg wird sich von der Seite her in die Schleppspur gestellt. Bei der Benutzung von Ankerliften ist dabei die Seite der Liftspur zu bevorzugen, auf welcher sich die Schleppstange vor dem Körper befindet. Das bedeutet, dass Snowboarder, die den rechten Fuß in Fahrtrichtung vorn haben (Goofy) auf der rechten Seite der Schleppspur bequemer gezogen werden. Das Fahren auf der linken Seite der Schleppspur erleichtert dagegen Snowboardern die Bergfahrt, die den linken Fuß in Fahrtrichtung vorn haben (Regular). Sofern die Möglichkeit besteht, sollten die ersten Fahrten im Ankerlift gemeinsam mit einer erfahrenen Snowboarderin oder einem versierten Skiläufer unternommen werden. Denn sie können während der Fahrt helfen, den Bügel zu stabilisieren, sodass das Bewahren der eigenen Balance leichter fällt.

Nach dem Greifen des Liftbügels wird der eine Ausleger des Ankers entweder im Schritt zwischen den Oberschenkeln eingeklemmt oder hinter das Gesäß genommen. Bei Tellerliften besteht diese Alternative nicht. Er kann nur zwischen die Beine genommen werden. Gleich nach dem Einhaken, noch während sich das Schleppseil bis zum Anschlag ausrollt, wird der hintere Fuß zwischen die Bindungen auf das Board gestellt und der Oberkörper leicht entgegen der Fahrtrichtung geneigt, um den Ruck beim Anziehen zu dämpfen. Die vordere Hand verbleibt unweit vom Körper mit lockerem Griff an der Liftstange, die hintere hängt herab. So wird gewährleistet, dass der Zug des Lifts tatsächlich über den Ausleger oder Teller auf den Körper übertragen und nicht von den Armen gehalten wird. Das ist nicht nur kraftsparender, sondern erleichtert durch den tiefer liegenden Zugpunkt vor allem die Balance auf dem Board.

Trotz guter Vorbereitung wird es dennoch sicher mehr als einmal vorkommen, dass im Verlauf der Bergfahrt das Gleichgewicht verloren geht. In diesem Fall ist nach dem Sturz die Liftspur möglichst zügig zu verlassen, um nicht als Hindernis nachfolgende Benutzer des Lifts ebenfalls zu Fall zu bringen.

Ist die Bergfahrt gelungen, wird an der Ausstiegsstelle der Bügel zwischen den Beinen herausgezogen und nach vorne weg losgelassen. Immer noch mit beiden Füßen auf dem Board stehend, kann der vorhandene Schwung ausgenutzt werden, um den Lift zur Seite weg zu verlassen.

Einstieg in einen Schlepplift

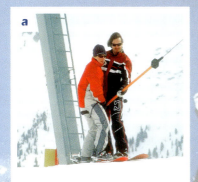

Ausstieg aus einen Schlepplift

6.3 High Performance

Zentrales Anliegen beim Snowboarden ist es, neben der Wahrung des Gleichgewichts auf dem Board, durch das Fahren von Schwüngen die eigene Richtung und Geschwindigkeit zu regulieren.

Im Wesentlichen können hierbei drei Schwungprinzipien unterschieden werden:

- **Schwungprinzip Rotation:** Hier ist primär die Rotation des Körpers für die Schwungsteuerung verantwortlich. Das Board kantet dabei nur mäßig auf, sodass für das Vorherrschen dieses Schwungprinzips ein hoher Rutschanteil im Bogen charakteristisch ist.
- **Schwungprinzip Hochentlastung:** Hier sorgt die Kombination von Kantendruck und Taillierung des Boards für die Schwungsteuerung. Die Steuerfähigkeit hängt dabei vom Kanteneinsatz ab, sodass der Rutschanteil möglichst klein gehalten wird. Dies wird durch eine Entlastung des Boards zum Zwecke eines schnellen Kantenwechsels durch Körperstreckung erreicht.
- **Schwungprinzip Tiefentlastung:** Die Steuerfunktion ergibt sich wie bei hochentlasteten Schwüngen durch die Kombination von Kantendruck und Taillierung des Boards. Jedoch wird die Entlastung des Boards im Moment des Umkantens bei tiefentlasteten Schwüngen durch eine Körperbeugung angebahnt.

Alle Anwendungsformen des Fahrens sind situationsbedingte Variationen dieser drei Schwungformen. Die Verbesserung des eigenen Fahrkönnens auf dem Snowboard ist deshalb nicht durch das Erlernen einer Vielzahl spezieller Kurvenformen gekennzeichnet, sondern besteht vielmehr in der Optimierung und Kombination der genannten Grundtechniken.

Mit dem Grund- oder Driftschwung wurde bereits eine für das Schwungprinzip der Rotation charakteristische Kurvenform beschrieben. In der Folge ergänzen daher jetzt die idealtypischen Darstellungen der Bewegungsabläufe von hoch- und tiefentlasteten Schwüngen das Wissen um die grundlegenden Schwungprinzipien. Hierauf aufbauend, werden Möglichkeiten der Optimierung beschrieben und die Einsatzmöglichkeiten der Schwungformen in Abhängigkeit zum Gelände diskutiert.

6.3.1 Das Schwingen mit Hochentlastung

Das Schwingen mit Hochentlastung ist die am häufigsten verwendete und am leichtesten zu erlernende Schwungtechnik beim Fahren auf der Kante. Hierbei fährt man mit gebeugten Beinen aus der Hangschrägfahrt zum Bogen an. Aus dieser Haltung leitet die Streckung des Körpers über dem vorderen Bein das Umkanten ein. Im Moment der maximalen Körperstreckung vollzieht sich der Wechsel von der einen auf die andere Kante.

Mit dem anschließenden Tiefgehen des Körpers zurück in die gebeugte Beinhaltung, wobei das Körpergewicht vom vorderen Bein wieder nach hinten wandert, wird der Schwung auf der neuen Kante ausgesteuert, weshalb diese Schwungform auch als **Beugeschwingen** bezeichnet wird. Der Körper beschreibt bei einem hochentlasteten Schwung also insgesamt eine Tief-hoch-tief-Bewegung.

6.3.2 Das Schwingen mit Tiefentlastung

Die Ausgangsposition für das Schwingen mit Tiefentlastung ist eine aufgerichtete Körperhaltung. Zum Umkanten zieht man die Beine unter dem Körper an. Indem die Beine wieder gestreckt und das Körpergewicht in Boardlängsachse zurückgenommen wird, lässt sich das Aussteuern des Schwungs kontrollieren. Weil der Körper zum Aussteuern des Schwungs gestreckt wird, heißt diese Technik auch **Streckschwingen**. Dabei bewegt sich der Körper im Verlauf des Bogens hoch-tief-hoch.

Charakteristisch für das Schwingen mit Tiefentlastung ist eine annähernd stabile Oberkörperposition. Die bei der Schwungeinleitung über der einen Kante gestreckten Beine werden im Umkanten unter dem Körper angezogen und nachfolgend über der neuen Kante gestreckt, was mit der zum Schwingen mit Tiefentlastung oder dem Streckschwingen alternativen Bezeichnung **Pendelschwingen**[14] zum Ausdruck kommen soll.

Das Schwingen mit Hochentlastung: gebeugte Körperhaltung beim Anfahren, Beinstreckung zum Umkanten, Beinbeugung zum Aussteuern.

Das Schwingen mit Tiefentlastung: aufrechte Körperhaltung beim Anfahren, Anziehen der Beine zum Umkanten, Beinstreckung zum Aussteuern.

---

14 Vgl. z. B. Müssig, 1997.

PERFORMANCE 109

Schwingen mit Hochentlastung

Schwingen mit Tiefentlastung

6.3.3 Allgemeine Aspekte der Schwungsteurung

Schwungphasen

Aus funktionaler Sicht lassen sich beim Schwingen drei Phasen unterscheiden: **Schwungeinleitung, Kantenwechsel** und **Aussteuern**, wobei in der Aneinanderreihung mehrerer Bögen zu einer Schwungfolge das Aussteuern eines Bogens bereits den nachfolgenden einleitet usw. Sowohl bei hoch- als auch bei tiefentlasteten Schwüngen kommt es durch die Vertikalbewegung des Körpers beim Aussteuern eines Schwungs zu einer Druckerhöhung auf das Board. Die damit einhergehende Zunahme des Kantendrucks dient am Schwungende als **Trittbrett**[15] für den nachfolgenden Bogen. Wie bei einer Schaukelbewegung baut sich zum Schwungende ein Energiepotenzial auf, das die für eine Umkehr der Bewegungsrichtung notwendige Voraussetzung darstellt.

Körperrotation

Eine ausgeprägte Körperrotation gibt dem Board einen hohen Drehimpuls und erleichtert damit das Einleiten eines Schwungs. Das ist auch der Grund dafür, warum die Rotation als Schwungprinzip für die ersten Bögen auf dem Board (**Grundschwung**) eingeführt wurde. Gleichwohl verbindet sich mit einer ausgeprägten Körperrotation der Nachteil, dass die Grundposition auf dem Snowboard zwangsläufig verlassen wird. Sobald die Arme um die Körperlängsachse rotieren, fungieren sie kaum noch als Balancehilfe. Gleichzeitig wird die Kontrolle des Kantendrucks durch die Rotationsbewegung mit ihrer horizontalen Massenverschiebung behindert.

Insgesamt ist ein solcher Schwung durch die Körperrotation zwar leicht auszulösen. Beim Aussteuern wird jedoch kein optimaler Kantendruck aufgebracht und auch die Kontrolle desselben ist erschwert. Das hat für das Schwingen im flachen Gelände mit griffigem Schnee kaum Konsequenzen. Sobald aber die Hangneigung oder die Härte des Schnees zunimmt, beginnt das Board beim Aussteuern des Schwungs auszubrechen und über die Kante wegzurutschen. Insgesamt sind daher zu deutliche Rotationsbewegungen, vor allem des Schultergürtels, nicht zu empfehlen.

Gleichsam falsch wäre es jedoch, daraus zu folgern, der Oberkörper sollte im fortgeschrittenen Fahren, anders als bei den Driftschwüngen, gar nicht mehr für die Schwungauslösung eingesetzt werden. Denn wie beim Laufen lassen sich bei quer zur Bewegungsrichtung verbleibenden Schultern die Arme parallel zu den Boardkanten vor- und zurücknehmen. Ohne Nachteile bei der Kontrolle des Kanten-

---

15 Vgl. die zur Bewegungskoordination beim Snowboarden analog zu verstehenden Ausführungen zum Skilauf von Lange, Leist, Loibl, 1996.

einsatzes hinnehmen zu müssen, wird auf diese Weise die Schwungauslösung unterstützt und der Körper im Bogen stabilisiert. So, als wäre jeder einzelne Bogen ein Schritt in Richtung des Tals, bewegen sich die Arme beim Schwingen gegenläufig neben dem Körper. Und während beim Laufen mit jedem Schritt die Arme ihre Positionen vor und hinter dem Körper wechseln, so geschieht dies beim Snowboarden mit jedem Bogen; in Fahrtrichtung vorn ist immer der Arm auf der Kurvenaußenseite.

Beineinsatz

Durch Beuge- bzw. Streckbewegungen der Beine erreicht man beim Schwingen eine Entlastung des Boards zum Umkanten. Ebenso wird durch diese Bewegungen der Druck auf die jeweilige Kante zum Aussteuern eines Schwungs maximiert. Indem die Knie beim Aussteuern eines Schwungs zusätzlich noch in den Bogen hineindrehen, lässt sich das Kurvenverhalten weiter optimieren. Neben dem Erreichen eines insgesamt steileren Aufkantwinkels bei gleicher Körperhaltung nutzt man dabei vor allem die Torsionseigenschaften des Boards. Durch minimale Verwindungen des Boards um die Längsachse greifen die Kanten im vorderen und hinteren Teil des Boards unterschiedlich stark. Bei Schwüngen in Richtung der Fersenkante wird versucht, das vordere Knie in den Bogen hineinzudrehen, sodass es zu einem geringfügig steileren Aufkantwinkel im vorderen Boardbereich kommt. Bei Schwüngen in Richtung der Zehenkante ist es hingegen das hintere Knie, das zum Kurvenmittelpunkt gedrückt wird. So wird ein minimal steileres Aufkanten im hinteren Boardbereich erreicht.

6.3.4 Übungshilfen

Bewegung und Wahrnehmung sind als einander gegenseitig bedingende Teile eines Ganzen aufzufassen. Durch Wahrnehmungsübungen und Lenkung der Wahrnehmung auf bestimmte Aspekte der Bewegungsausführung lassen sich folglich Verbesserungen der Bewegungsausführung erreichen.

Konzentration auf die Atmung

Die Körperbewegungen zur Schwungsteuerung, das Strecken und Beugen, lassen sich gut durch die Atmung unterstützen. Beim Schwingen mit Hochentlastung leitet rasches Einatmen die Körperstreckung zur Schwungauslösung ein, während entspanntes, langes Ausatmen nach dem Umkanten die Körperbeugung zum Aussteuern des Schwungs begleitet. Beim Schwingen mit Tiefentlastung löst rasches Ausatmen die Körperbeugung zum Umkanten aus. Anschließend unterstützt das Einatmen die Körperstreckung zum Aussteuern des Schwungs.

Vom Sehen zum Fühlen

Ein in den unterschiedlichsten Fahrsituationen einsetzbares Hilfsmittel ist das Fahren mit einer Sonnenblende. Entgegen dem eigentlichen Verwendungszweck wird der Schirm aber nicht über den Augen getragen, sondern unterhalb der Nase mit der Wölbung nach unten. Während die Sicht auf Piste und Umgebung uneingeschränkt bleibt, ist der Blick auf die eigenen Füße und das Board versperrt, wodurch das Bewegungsgefühl in besonderer Weise herausgefordert wird. Denn indem die Boardspitze außerhalb des Blickfeldes liegt, lässt sich die Lage des Boards und die Untergrundbeschaffenheit nur noch erspüren. Die Ausbildung der für gekonntes Snowboarden charakteristischen Einheit von Mensch und Material wird hierdurch unterstützt.

Orientierung am Rhythmus der Bewegung

Aus der fortschreitenden Bewegung, der Aneinanderreihung einzelner Bögen zu einer Schwungfolge, entwickelt sich ein Bewegungsrhythmus. Die anfängliche Konzentration auf Teilbewegungen wird zunehmend zu Gunsten einer Wahrnehmung des Ganzen aufgegeben. Eine fließende Bewegung stellt sich ein, weil die Aufmerksamkeit auf dem Fluss, nicht aber auf den einzelnen Bewegungsabschnitten liegt.

Mit Rhythmisierungshilfen kann die beschriebene Entwicklung gefördert werden. Insbesondere die nachfolgend vorgestellte Wahrnehmungszentrierung über das die Körperbewegung unterstützende Mitsprechen sowie die Kopfsteuerung dient dazu, die Ausprägung eines Bewegungsrhythmus von innen heraus zu beeinflussen. Doch auch von außen, über die Synchronisation der eigenen Bewegung mit den Bewegungen anderer, kann der Bewegungsrhythmus betont werden; indem beispielsweise beim Parallelschwingen zwei oder mehr Fahrer versuchen, Schwungradius, Schwungfolge und Geschwindigkeit untereinander abzustimmen, um ihre Schwünge möglichst parallel durch den Schnee zu ziehen.

Fahren mit umgekehrter Sonnenblende

PERFORMANCE 113

Snowboarder, die parallel einen Hang hinunterschwingen

Mitsprechen der Bewegung

Lautes oder leises Mitsprechen dient als Maßnahme der Aufmerksamkeitslenkung sowohl auf die Steuerimpulse der Vertikalbewegungen des Gesamtkörpers als auch auf den sich bei mehreren aneinander gereihten Schwüngen hieraus ergebenden Bewegungsrhythmus. Bei hochentlasteten Schwüngen pointiert ein kurzes „Hoch!" die Körperstreckung im Moment des Umkantens, woran sich ein lang gezogenes „Tieeef" für die Beugung zum Aussteuern des Schwungs anschließt. Bei tiefentlasteten Schwüngen weist hingegen ein kurz gesprochenes „Tief!" auf die Körperbeugung zum Umkanten hin, während ein lang gezogenes „Hooch!" die Körperstreckung beim Aussteuern unterstützt.

Steuern mit dem Kopf

Die Bewegungen des Gesamtkörpers können durch initiierende Bewegungen des Kopfs eingeleitet und unterstützt werden. Das Hineinlegen in einen Schwung kann durch das Neigen des Kopfs ebenso ausgelöst und gesteuert werden, wie auch die Ausprägung eines Bewegungsrhythmus beim Schwingen maßgeblich durch den Kopf beeinflussbar ist.

Für das Lernen und Optimieren des Schwingens auf dem Snowboard lässt sich dieser Funktionszusammenhang ausnutzen, indem für das Befahren einer Abfahrt nach einer passenden Melodie gesucht wird. Diese ergibt sich aus dem eben beschriebenen Mitsprechen der Bewegung oder einem passend erscheinenden Lied, welches z. B. mitgesummt wird. Indem sich die rhythmischen Bewegungen des Kopfs auf den Körper übertragen, bewegt sich dieser beim Hineinlegen in die aneinander gereihten Schwünge einem Pendel gleich hin und her. Ein Bogen fährt sich wie der folgende. Sie gehen ineinander über und ordnen sich dem Rhythmus der Gesamtbewegung des Schwingens unter.

Steuern mit den Beinen
Den Bewegungen des Unterkörpers über Hüfte, Knie- und Sprunggelenke kommt für die Schwungsteuerung eine zentrale Bedeutung zu, da der Oberkörper möglichst ruhig und stabil gehalten werden sollte, um das Gleichgewicht auf dem Board nicht negativ zu beeinflussen.

Für die Lenkung der Aufmerksamkeit auf die Bewegungen des Unterkörpers haben sich vor allem drei Übungsformen bewährt:
- Das Verschränken der Arme vor dem Körper: Die Arme werden während des Fahrens vor dem Körper gekreuzt, wobei die Handflächen auf der Schulter Halt finden. Diese Haltung ist ineinander verschränkten Armen unbedingt vorzuziehen, da die Arme bei Gleichgewichtsverlust schneller gelöst werden können.
- Das Fahren mit einer kurzen Slalomstange o. Ä. auf den Schultern: Die Stange wird hinter den Kopf in den Nacken genommen und links und rechts mit den Händen gehalten. Beim Fahren wird darauf geachtet, dass die Stange stets quer zur Fahrtrichtung steht.
- Das Fahren mit einer kurzen Slalomstange o. Ä. in den Kniekehlen: Die Stange wird links und rechts vom Körper mit den Händen mit Kontakt zu den Kniekehlen gehalten. Beim Fahren darauf achten, bei Bögen in Richtung der Fersenkante die Außenseite des vorderen Knies möglichst stark gegen die Stange zu drücken. Bei Bögen über die Zehenkante ist es die Außenseite des hinteren Knies, mit der ein möglichst hoher Druck auf die Stange ausgeübt werden soll.

6.3.5 Geländeangepasste Fahrtechnik

Das persönliche Fahrverhalten ergibt sich aus dem eigenen Können, der individuellen Intention zum Gleiten sowie den jeweiligen situativen Bedingungen. Während das eigene Können als eine erfahrungsabhängige, zunehmende Erweiterung der individuellen Bewegungsmöglichkeiten verstanden werden kann, bestimmt die Intention zum Gleiten darüber, unter welchem Leitmotiv das eigene Können im Rahmen der situativen Gegebenheiten zur Anwendung kommt. Denn es macht für das Bewegungsergebnis einen großen Unterschied, ob das aktuelle Leitmotiv der Bewegung beispielsweise auf das Erreichen einer möglichst hohen Geschwindigkeit ausgerichtet ist oder auf das Spiel mit den Gesetzen der physikalischen Welt im Schwingen und Springen.

Hieraus ergibt sich, dass gleiche Bewegungssituationen individuell unterschiedlich interpretierbar sind. Eine Bodenwelle erscheint gleichermaßen als Bedrohung des eigenen Gleichgewichts auf dem Board wie als willkommene Möglichkeit zum Sprung.

Gleichwohl bestehen jedoch funktionale Zusammenhänge zwischen dem Bewegungsverhalten und den äußeren, insbesondere durch Geländeformation und Schneebeschaffenheit bestimmten Gegebenheiten, sodass einzelne Bewegungstechniken sich unter bestimmten Bedingungen besser als andere dazu eignen, ein angemessenes Bewegungshandeln und erfolgreiches Snowboarden zu gewährleisten.

Fahren auf präparierter Piste

Auf flachen und breiten Pisten lassen sich alle Schwungvarianten gleichermaßen praktizieren. Mit zunehmendem Gefälle müssen aus Gründen der Geschwindigkeitskontrolle oder auch bei schmaler werdenden Pisten die Radien der Bögen jedoch verkleinert werden. Je nach fahrerischem Können und Kondition prägen dann mehr oder minder große Rutschanteile die Schwünge, die das Board im Bogen zusätzlich bremsen. Annähernd ohne Rutschen geht es nur mit extrem hochentlasteten Kurzschwüngen, so genannten **Jump-Turns**. Hierbei wird durch eine maximale Körperstreckung das Board so stark entlastet, dass es sich deutlich vom Boden abhebt und dabei in der Luft nicht nur umgekantet, sondern auch in Schwungrichtung vorgedreht wird. Da das Board in der Luft einer starken Rotation des Oberkörpers folgt, findet für diese Schwungform häufig auch die Bezeichnung **Schleuderdrehen** Verwendung.

Wird bei den wegen der extremen Hochentlastung als **Jump-Turns** benannten Schwüngen auf die Oberkörperrotation zu Gunsten einer Verschiebung des Körperschwerpunkts in Boardlängsrichtung verzichtet, ergibt sich eine andere Charakteristik. Durch die Verschiebung des Körperschwerpunkts in Boardlängsachse greift beim Aussteuern des Schwungs vor allem die Kante im vorderen Bereich des Boards, was die Kontrolle beim Fahren von extrem engen Radien unterstützt. Es kommt zu einer Bewegungsausführung, die mit der Bezeichnung „Galoppen"[16] veranschaulicht werden kann: Im Bogen wird auf dem hinteren Bein abgesprungen und über dem vorderen gelandet.

Sobald bei einer Abfahrt kleine Kurvenradien zur Geschwindigkeitskontrolle nicht nötig sind, ist das Schwingen mit Tiefentlastung nahe liegend. Denn durch die Streckung des Körpers bei gleichzeitiger Verlagerung des Körper-

Umkanten eines maximal hochentlasteten Schwungs; Board ist deutlich vom Boden gelöst (**Jump-Turn**)

---

16 Vgl. zur aktivsten Form der Schwunggestaltung die Interpretation zum Skilauf von Weymar, 1983 und Tiwald, 1984.

PERFORMANCE 117

Aussteuern eines tiefentlasteten Schwunges mit extremer Körperinnenlage (‚Vitelli-Turn')

gewichts nach hinten lässt sich beim Aussteuern des Schwungs die Geschwindigkeit positiv beeinflussen; das Board wird aus der Kurve heraus beschleunigt. Beim Riesenslalom, der sich durch weite Torabstände auszeichnet, wird diese Technik genutzt, um die Renndistanz möglichst schnell zu überwinden. Die Steigerung der Geschwindigkeit beim Aussteuern eines Schwungs lässt sich jedoch ebenso dafür nutzen, die Kurveninnenlage bis ins Extreme zu steigern, wobei der Körper beinahe den Schnee berührt. Diese spektakuläre Schwungform ist nach dem französischen Weltcupfahrer Serge Vitelli als **Vitelli-Turn** bekannt.

Fahren in der Buckelpiste

Kaum eine andere Geländeform gibt so stark vor, wann und wo Schwünge zu fahren sind, wie die Buckelpiste. Zum Drehen werden die Buckel entweder überfahren oder umfahren. Durch die meist erforderliche kurze Schwungfolge erfolgt das Aussteuern der Bögen mit einem hohen Rutschanteil.

Das Drehen nach dem Überfahren eines Buckels ist als **Ausgleichstechnik** bekannt. Der Name weist auf das Wesen dieser Fahrtechnik hin: Das Strecken und Beugen der Beine gleicht die Unebenheiten des Untergrundes aus. Das Umkanten beim Drehen mit Ausgleichstechnik erfolgt direkt auf dem Buckel, wenn die Beine ganz angebeugt sind. Beim Hinabfahren des Buckels wird der Schwung auf der neuen Kante ausgesteuert. Die Ausgleichstechnik ist folglich eine Variante des Schwungprinzips der Tiefentlastung.

Beim Umfahren der Buckel sind hingegen im Grunde alle Schwungformen möglich. Weil Buckelpisten aber selten aus gleichmäßig gruppierten Schneehaufen bestehen, ist es jedoch sinnvoll, auch das Umfahren der Buckel in einer Variation des Schwungprinzips der Tiefentlastung zu gestalten. Auf diese Weise wird am Schwungende wieder eine Körperhaltung erreicht, die gleichermaßen ein nachfolgendes Umfahren wie Überfahren der Buckel erlaubt. So bleibt eine maximale Handlungsfähigkeit für die weitere Schwunggestaltung erhalten.

Das Umfahren von Buckeln wird als **Muldentechnik** bezeichnet. Dabei wird das Board weniger in der Senke zwischen den Buckeln gefahren als vielmehr auf dem Übergang zur Rückwand eines jeweils weiter talwärts gelegenen Schneehaufens, was die Drehung und Führung des Boards erleichtert.

Insgesamt ist beim Befahren einer Buckelpiste auf eine komprimierte Körperhaltung zu achten, um den Körperschwerpunkt möglichst tief zu halten. Denn durch die extremen Unebenheiten des Untergrundes ist die Balance auf dem Board ständig aufs neue gefährdet. Je niedriger dabei der Körperschwerpunkt gehalten wird, umso leichter gelingt der Gleichgewichtserhalt.

Fahren im Tiefschnee

Der grundlegende Unterschied beim Snowboarden im Tiefschnee zum Fahren auf präparierten Pisten besteht in der Führung des Boards. Nicht die Kanten geben den nötigen Halt, sondern die Lauffläche. Das erleichtert das Schwingen, da ein präzises Umkanten nicht erforderlich ist. Und auch der Kantendruck zur Vermeidung seitlichen Wegrutschens ist unwesentlich, weil die Auflage der Gleitfläche im Schnee dies ohnehin ausschließt.

Beim Fahren im Tiefschnee kommt es darauf an, dass das Board auf dem Schnee aufschwimmt, damit der Widerstand beim Drehen nicht zu groß ist. Das wird zum einen durch die Verlagerung des Körpergewichts auf das hintere Bein erreicht, was die Boardspitze anhebt. Und zum anderen sollte mit ausreichendem Tempo gefahren werden, da der Auftrieb des Boards mit steigender Geschwindigkeit zunimmt.

> Im Tiefschnee sorgt eine Verlagerung des Körpergewichts auf das hintere Bein sowie eine nicht zu geringe Geschwindigkeit für genügend Auftrieb zum Drehen des Boards.

Zu bedenken ist beim Befahren von Tiefschneehängen neben der Lawinengefahr, insbesondere in unbekanntem Gelände, dass Hindernisse wie große Steine, Zaunpfähle oder Drahtabspannungen unter der Schneedecke kaum auszumachen sind, was ein hohes Kollisionsrisiko birgt.

Komfortabel sind dagegen Stürze im Tiefschnee, weil der im Vergleich zu einer gepressten Schneeschicht weiche Untergrund dem Fallen seine unangenehme Seite nimmt. Dafür ist es aber vor allem in flachen Passagen sehr viel schwieriger und anstrengender, nach dem Fallen wieder auf das Board zu kommen, weil insbesondere die Arme zum Abstützen kaum Halt finden.

Fahren im Tiefschnee

6.4 Air & Style

Manöver auf dem Snowboard, die außer Spaß an der Bewegung keinem funktionalen Ziel folgen, sind nur etwas für Freestyleambitionierte auf der Suche nach dem Skateboardfeeling im Schnee?! Mitnichten lautet hier die Antwort! Um das Board in möglichst allen Situationen beherrschen zu können, bedarf es einer Vielzahl von Erfahrungen. Dabei gilt: Je breiter der Erfahrungsraum angelegt ist, je mehr situative Aspekte im Zusammenhang mit dem eigenen Tun erprobt werden, umso größer ist die Sicherheit auf dem Board.

Pistentricks und Sprünge dienen daher in Ergänzung zum „normalen" Fahren vor allem auch als Gelegenheit zur Erforschung des Möglichen. Der spielerische Umgang mit dem Board führt hier zu Erlebnissen, die Gleichgewicht und Kantengefühl ebenso fordern wie fördern.

6.4.1 Tipps und Tricks

Das Rückwärtsfahren
Nicht nur eine neue Herausforderung auf dem Board, sondern auch eine Voraussetzung für viele weitere Freestylemanöver ist das Fahren entgegen der eigentlichen Fahrtrichtung (**Fakie** oder auch **Switchstance**). Die Grundschwierigkeit beim Rückwärtsfahren ergibt sich aus der im Menschen angelegten Einseitigkeit. Im Alltag zeigt sich dies vor allem im beinahe ausschließlichen Gebrauch nur einer Hand, meist der rechten, für präzise Tätigkeiten, wie z. B. Schreiben oder Schrauben, während die Tätigkeit der jeweils anderen Hand sich auf weniger genau zu koordinierende Bewegungen, insbesondere Haltearbeiten, beschränkt. Diese unterschiedliche Zuweisung von Körperhälften auf die motorische Steuerqualität bei zu bewältigenden Aufgaben findet sich wie bei den Händen auch bei den Beinen in der Unterscheidung von Sprungbein und Standbein, was sich beim Snowboarden in der Wahl der Standposition (**Goofy** oder **Regular**) niederschlägt.

Der Grund für die Schwierigkeit, mit derjenigen Körperhälfte eine Tätigkeit auszuüben, für die gewöhnlich die andere Seite zum Einsatz kommt, liegt im „Kleben" der Aufmerksamkeit an der jeweils „besseren" Körperhälfte[17]: Wenn beim Snowboarden zum Rückwärtsfahren das Heck voran talwärts gedreht wird, verharren Aufmerksamkeit und Körpergewicht auf dem ehemals vorderen und nun hinteren Bein, anstatt sich mit der Änderung der Fahrtrichtung entsprechend umzuorientieren.

Für die ersten Fahrversuche in rückwärtiger Richtung lässt sich die Fixierung der Aufmerksamkeit auf der bevorzugten Körperhälfte bzw. auf dem in regulärer Standposition vorderen Bein jedoch auch nutzen. Das Körpergewicht verlagert sich schnell auf das in Rückwärtsfahrt vordere Bein, wenn sich auf die „Schwerelosigkeit" des hinteren Beins konzentriert wird.

Das Rückwärtsfahren

---

17 Vgl. zur Einseitigkeit im Tun Tiwald, 1984, S. 72ff.

Das Fahren auf Heck und Schaufel

Zur Fahrt auf dem Boardende, dem **Tailwheelie**, wird aus der Geradeausfahrt heraus das Körpergewicht über das heckwärtige Bein hinaus nach hinten verlagert und mit dem vorderen das Board ruckartig hochgezogen. Die Arme unterstützen diese Bewegung, indem sie ebenfalls nach oben gerissen werden. Mit zunehmender Sicherheit lassen sich in dieser Position immer längere Strecken fahren, bevor das Board sich wieder plan auf den Schnee legt.

Um, auf der Spitze fahrend, das Board auszubalancieren, wird aus der Rückwärtsfahrt durch ruckartige Körpergewichtsverlagerung in Richtung der Boardspitze das Heck zum so genannten **Nosewheelie** aus dem Schnee gehoben.

Nosewheelie   Tailwheelie

Das Drehen auf Heck und Schaufel

Mit Drehungen auf dem Heck oder der Schaufel des Boards lässt sich die Fahrtrichtung wechseln: von der Vorwärtsfahrt zur Rückwärtsfahrt und umgekehrt. Zunächst sollten die Drehungen mit geringem Fahrtempo erprobt werden. Mit entsprechender Routine sind diese Manöver später auch bei höheren Geschwindigkeiten möglich.

Um aus der regulären Fahrtrichtung in die rückwärtige zu kommen, wird über die Spitze des Boards gedreht (**Noseroll**). Aus gebeugter Haltung leitet die Körperstreckung die Entlastung des annähernd flach auf der Piste liegenden Boards ein. Dabei verlagert sich das Körpergewicht nach vorne, sodass sich das Heck aus dem Schnee hebt. Gleichzeitig dreht der Oberkörper um die Körperlängsachse in Schwungrichtung vor, womit die Drehung auf der Boardspitze ausgelöst wird. Dem rotierenden Oberkörper folgen Unterkörper und Board. Der Körperschwerpunkt bleibt während der gesamten Drehung über der Boardspitze. Erst wenn das Heck in Fahrtrichtung zeigt, senkt die Belastung des heckwärtigen Beins das Board wieder auf die Piste ab. Die Beine werden jetzt leicht angebeugt, um den Schwung abzufangen und ein Verkanten des Boards zu verhindern.

Zum Wechsel von Rückwärts- zu Vorwärtsfahrt ist eine Drehung über das Heck möglich (so genannter **Tailroll**). Die Bewegung erfolgt analog zum eben beschriebenen Schwenk über die Boardspitze; jetzt jedoch über das heckwärtige Bein.

Das Kreiseln

Als Kreiseln (auch **Walzen**) bezeichnet man Drehungen mit dem Board um die Körperlängsachse. Während das Board in Falllinie talwärts rutscht, leitet die Verlagerung des Körpergewichts die Drehbewegung des Boards ein, die durch entsprechend koordinierte Kantenbelastungen zum Kreiseln führt. Für einen Kreis schließt sich an einen langen gerutschten Bogen vorwärts ein kurzer, rückwärtig gerutschter an. Wie bei anderen Bögen auch, muss zum Zwecke des Balanceerhalts „richtig" umgekantet werden. Um jedoch den Rutschanteil möglichst hoch zu halten, damit das Board beinahe auf der Stelle dreht, kennzeichnen geringe Aufkantwinkel das Kreiseln.

Zur Anfahrt wird ein Bogen auf der Zehenkante so weit ausgefahren, bis die Boardspitze bergwärts zeigt. Jetzt wird das Board flach gestellt und das Körpergewicht auf das Heck verlagert. Das Board beginnt, rückwärts zu fahren. Gleichzeitig wird die Fersenkante leicht eingesetzt, sodass eine Drehung mit dem Heck voran folgt. Sobald das

180° Noseroll

PERFORMANCE 125

180° Tailroll

Board wieder quer zum Hang steht, lässt die Verlagerung des Körpergewichts auf das vordere Bein die Bewegungsrichtung des Boards wieder umkehren. Mit der Spitze voran, schließt sich ein Bogen auf der Fersenkante an usw.

Analog zur beschriebenen Drehrichtung ist das Kreiseln natürlich auch andersherum möglich. Dann wird ein Bogen auf der Fersenkante weitergeführt, bis die Boardspitze bergwärts gerichtet ist. Und die anschließende Rückwärtsfahrt mündet durch leichten Einsatz der Zehenkante in eine Querstellung zum Hang.

Beim Kreiseln schließt sich an einen langen, vorwärts gefahrenen Bogen (Dreiviertelkreis) ein kurzer rückwärtiger (Viertelkreis) an. Neben der Fahrtrichtung wechselt auch jeweils die belastete Kante.

Vor allem der geringe Aufkantwinkel und rasche Kantenwechsel erfordert beim Kreiseln ein Hineinfühlen in das Board. Denn je flacher das Board im Schnee liegt, umso schwieriger ist das Erspüren der jeweils wirkenden Kante.

a

b

c

Kreiseln

PERFORMANCE 127

6.4.2 Springen

Mit dem Snowboard wird auf dem Schnee gefahren. Gleichwohl laden Pistenunebenheiten, Schneekanten oder Buckel zum Abheben ein. Wer das erste Mal sein Board wenige Zentimeter aus dem Schnee gehoben hat, spürt bereits den besonderen, sich aus der Überwindung der Schwerkraft ergebenden Reiz, welcher Fortgeschrittene lockt, sich mit immer neuen Manövern aus dem Schnee zu katapultieren.

Grundsätzlich macht es Sinn, die ersten Sprungversuche ohne Geländehilfe auf einer nicht zu steilen Piste anzugehen, bevor kleine Buckel oder Schanzen als Startrampen dienen. Denn das Springen ohne Geländehilfe erfolgt in primärer Abhängigkeit von den Bewegungen des Fahrers. Das bedeutet, es besteht eine maximale willkürliche Einflussmöglichkeit, insbesondere auf Absprungort und Sprunghöhe.

Bei dem in Anlehnung an das Skateboarden **Ollie** genannten Manöver des Springens ohne Geländehilfe werden die Beine zum Absprung stark gebeugt, um sich anschließend wie bei einem Strecksprung vom Boden abzustoßen. Bereits im Absprung wird dabei jedoch der Körper leicht zurückgenommen und das vordere Bein wieder angezogen, um über das Heck des Boards eine Vorspannung aufzubauen, die zum Zwecke des Erreichens einer möglichst hohen Flugbahn als zusätzliche Energie in den Sprung eingeht.

Springen ohne Geländehilfe (**Ollie**)

d

e

f

Absprung

Ein sicherer Absprung entscheidet wesentlich über eine ebensolche Landung. Sicher bedeutet auch immer kontrolliert. Und kontrolliert wird das Abspringen erst als aktive Handlung. Damit ist gemeint, dass ein Sprung nicht als unabdingbare Folge des Überfahrens eines Buckels oder einer Schanze aufzufassen ist, sondern als gewollte und in Höhe und Weite beeinflusste Aktion.

Wie bei einem einfachen Strecksprung entscheidet die Stärke des Krafteinsatzes bei der Beinstreckung und der Schwung der Arme über die Sprunghöhe: Je stärker sich von einem Buckel oder einem Schanzenteller abgestoßen wird, umso länger wird die Flugphase. Entsprechend kürzer wird die Zeit in der Luft, wenn anstelle des Abstoßens die Beinbewegung mit der Zielsetzung erfolgt, die Aufwärtsenergien „schlucken" zu wollen.

Die Höhe und Weite eines Sprungs hängt nicht nur von den äußeren Bedingungen, wie der Anfahrtsgeschwindigkeit oder den Gegebenheiten der Absprungstelle ab, sondern das Absprungverhalten spielt ebenfalls eine maßgebliche Rolle.

Absprung bis Landung eines geraden Sprungs

Landung

Bei der Landung kommt es darauf an, die Härte des Aufsetzens zu verteilen. Diese Aufgabe erfüllen vorwiegend die Beine. Weder zur Landung gänzlich durchgestreckte noch angehockte Beine erfüllen diese Funktion. Die optimale Körperhaltung zur Landung erinnert daher an die „normale" Grundposition auf dem Board. Neben der günstigen Stellung zum Abfedern des Aufsetzens kommt hinzu, dass die leicht gebeugten Beine einen ausreichenden Bewegungsspielraum zur Ausrichtung des Boards lassen. Durch leichtes Anheben oder Strecken des vorderen oder hinteren Beins lässt sich das Board in die passende Landeposition bringen. Grundsätzlich sollte das Board eher mit dem hinteren Teil der Lauffläche zuerst aufsetzen.

Wie der Absprung, so gewinnt auch die Landung an Sicherheit, wenn der Moment des Schneekontakts aktiv herbeigeführt und nicht passiv erwartet wird. D. h., es wird nicht in der beschriebenen, günstigen Landeposition bis zum Aufsetzen verharrt, sondern die Beine werden der Piste zur Landung entgegengestreckt. Hierdurch verlängert sich die Zeit zum Abfangen des Körpergewichts. Die Landung wird weicher.

Um möglichst sanft zu landen, ist es günstig, sich nicht auf den Moment oder die Stelle des ersten Schneekontakts zu konzentrieren, sondern auf das, was danach kommt, die Weiterfahrt. Mithilfe dieses psychologischen „Tricks" lässt sich ein typisches Problem bei der Landung, das Verkanten, leichter vermeiden. Ursache dafür ist nämlich meist eine leichte Querstellung des Boards beim Aufsetzen.

Diese wiederum ist darauf zurückzuführen, dass aus einer unterschwelligen Angst vor der Landung heraus der Körper unwillkürlich zurückweicht und damit die Beine vorgestreckt werden. Wird nun aber nicht die Landung, sondern die anschließende Weiterfahrt fokussiert, gelingt es besser, das Board parallel zur Flugbahn aufzusetzen und sich sofort auf der richtigen Kante wieder zu finden.

Neben der Landetechnik sind für einen sicheren Sprungabschluss die Gegebenheiten des Landeplatzes entscheidend. Da die Härte einer Landung auch davon abhängt, wie viel Energie des Sprungs mit dem Aufsetzen in die Weiterfahrt übergeht, sollte der Landeplatz in jedem Fall abschüssig sein. Dieses Kriterium gewinnt mit steigenden Sprunghöhen zunehmend an Bedeutung: Je höher die Sprünge sind, umso steiler muss der Hang zur Landung abfallen, damit die Wucht des Aufsetzens zu bewältigen ist.

Je größer die Sprunghöhe ist, desto steiler muss der Hang in der Landezone geneigt sein.

Flugphase

Während es zunächst darum geht, in geraden Sprüngen den Körper nach dem Absprung möglichst stabil in der Luft zu halten, um eine sichere Landung zu erreichen, kann mit zunehmender Sicherheit mit der Gestaltung der Flugphase experimentiert werden.

Ein Grundelement für die Sprunggestaltung stellen die vom Skateboarden übernommenen **Grabs** dar. Während beim Skateboarden mit dem Griff an das Deck das Board unter den Füßen gehalten wird, erfüllt das Greifen des Boards im Sprung beim Snowboarden primär eine stilistische Funktion. Gleichwohl lässt sich über den Griff die Einheit von Körper und Board in der Luft stabilisieren, sodass eine Sprungfigur während der Flugphase somit auch gleichzeitig leichter kontrollierbar ist.

Sprungmanöver mit einem **Grab** werden zunächst danach unterschieden, an welcher Stelle das Board gegriffen wird. Ein Griff an die Zehenkante heißt **Frontside-Grab**, entsprechend wird der Griff an die Fersenkante als **Backside-Grab** bezeichnet. Wird das Board an der Spitze gepackt, nennt sich dies **Nose-Grab**; der Griff ans Heck **Tail-Grab**. Weitere Benennungen von Sprungmanövern mit einem **Grab** differenzieren noch genauer danach, welche Hand wo an welche Kante greift.

Die Bekanntesten sind:
- **Indy Air**: Die hintere Hand greift an die Zehenkante (meist zwischen beiden Bindungen).
- **Lean Air** oder **Stalefish**: Die hintere Hand greift an die Fersenkante (meist zwischen der hinteren Bindung und dem Tail).
- **Mute Air**: Die vordere Hand greift an die Zehenkante (meist zwischen beiden Bindungen).
- **Mellow**: Die vordere Hand greift an die Fersenkante (meist zwischen beiden Bindungen).

Der besondere **Style** eines Sprungs wird ferner durch die Haltung des Gesamtkörpers im Sprung bestimmt. Auch hier haben sich inzwischen „klassische" Manöver herausgebildet. Werden Oberkörper und Beine gegeneinander verdreht, wird von **Tweaken** gesprochen. Ein Sprung mit **Bone** benennt eine Körperhaltung, bei welcher ein Bein gestreckt und das andere angewinkelt ist. **Stiffy** ist ein Sprung, bei dem beide Beine durchgestreckt sind und eine Hand ans Board greift. Beim **Method Air** werden die Unterschenkel angewinkelt und damit das Board hinter den Körper gebracht. Die vordere Hand stabilisiert diese Haltung durch einen, **Grab**.

Neben geraden Sprüngen sind Rotationsbewegungen um die Körperlängsachse (**Spins**) möglich. Dabei sollte das Zusammenspiel der Körperteilbewegungen zu einem rotierten Sprung zunächst im Stand ausprobiert werden. Hier lässt sich mit unterschiedlich starkem Armeinsatz und Körpervorspannung im Absprung experimentieren.

- **Spins** werden unterschieden nach der Kante, auf der angefahren und abgesprungen wird, der Fahrtrichtung bei Anfahrt und Landung sowie der Drehrichtung und dem Drehwinkel (180°, 360°, 540° usw.):
- **Backside Spins**: Der Absprung erfolgt über die Zehenkante mit nachfolgender Drehung in Blickrichtung.

Sprünge mit einem Grab

SNOWBOARDING

Sprung mit 180°-Drehung

- **Frontside Spins**: Der Absprung erfolgt über die Fersenkante mit nachfolgender Drehung entgegen der Blickrichtung (rückwärts).
- **Switchstance**: Allgemeine Bezeichnung für Rotationssprünge, bei denen sich die Fahrtrichtung von Absprung und Landung unterscheidet.
- **Fakie**: Der Sprung wird rückwärts angefahren.
- **Air to Fakie**: Der Sprung wird vorwärts angefahren und rückwärts gelandet.
- Mit der Bezeichnung **Rodeo** werden Rotationssprünge benannt, die in Schräglage bis hin zur Drehung des Boards über dem Kopf ausgeführt werden.

Es bietet sich an, zunächst Sprünge mit einer Drehung um 180° zu erproben, bevor Drehungen im Vollkreis oder noch darüber angegangen werden. Zwar erfolgt die Landung nach einer 180°-Rotation bei „normalem" Absprung rückwärts, was auf den ersten Blick schwieriger erscheinen mag. Dafür reichen aber (relativ) geringe Anfahrtsgeschwindigkeiten und Sprunghöhen aus.

Bei 180°-Rotationen macht es einen großen Unterschied, ob in Richtung der Fußspitzen oder der Fersen gedreht wird: Während die Drehung bei Sprüngen über die Fersenkante vor allem durch die Gegenrotation von Oberkörper und Unterkörper erfolgt, haben bei Sprüngen über die Zehenkante beide Körperhälften die gleiche Drehrichtung. Die erste Variante ist im

Allgemeinen leichter zu lernen. Als Vorübung für Sprünge mit größeren Drehwinkeln (360° und mehr) taugt dagegen nur die zweite Variante, da das Koordinationsmuster mit einer einheitlichen Drehrichtung von Ober- und Unterkörper sich hier wieder findet.

Die Differenzen in der Koordination der Boarddrehung zwischen den beiden Varianten verlangen bereits im Absprung ein unterschiedliches Vorgehen. Um das Board in Richtung der Fersenkante zu drehen, reicht ein gerader Absprung aus, an den sich die Gegenrotation von Ober- und Unterkörper anschließt. Für eine 180°-Wendung des Boards in Richtung der Zehenkante muss demgegenüber bereits im Absprung durch Oberkörpereinsatz in Rotationsrichtung dem Gesamtkörper ein Drehimpuls versetzt werden.

Bei den Rotationssprüngen, bei denen Ober- und Unterkörper der gleichen Drehrichtung folgen, stellt vor allem die Dosierung der Drehgeschwindigkeit das größte Problem dar. Ist die Drehgeschwindigkeit zu klein, dreht das Board nicht weit genug. Ist die Drehgeschwindigkeit zu groß, dreht das Board über die Zielrichtung hinaus. Das Ergebnis ist stets das Gleiche: Das Board setzt nicht parallel zur Flugbahn auf, verkantet deshalb und es kommt unweigerlich zum Sturz.

Ausschlaggebend für die Drehung von Board und Fahrer ist ein Drehimpuls, der durch die Vorrotation des Oberkörpers im Absprung erzeugt wird. Der Drehimpuls stellt ein Geschwindigkeitspotenzial dar, dessen Nutzen im Sprung durch die Körperhaltung bestimmt wird: In gestreckter Haltung mit ausgebreiteten Armen dreht sich der Körper wesentlich langsamer als in gebeugter Position mit angewinkelten Armen.

Wie bei den geraden Sprüngen lassen sich natürlich auch die Drehsprünge durch bestimmte Körperhaltungen im Flug bereichern. Dabei spielt wieder das Greifen des Boards eine große Rolle.

Neben Rotationen um die eigene Körperlängsachse sind auch Rotationen um die Körperquerachse möglich. Die Ausführung von Saltos, so genannte **Flips**, lässt jedoch nur wenig Spielraum für einen individuellen Style, weshalb diese Sprünge beim Snowboarden von eher untergeordneter Bedeutung sind. Gleichwohl zeigt die Popularität von Rodeosprüngen die Faszination von Fluglagen mit dem Kopf nach unten.

Das Risikopotenzial solcher Sprünge ist jedoch extrem hoch. Insbesondere bei Stürzen auf hartem Untergrund können irreparable Wirbelsäulenschäden die Folge sein! Und auch auf einer professionell ausgebauten Schanze mit einer steil abfallenden und mit weichem Schnee aufgeschütteten Landefläche dürfen die Gefahren keineswegs unterschätzt werden.

6.4.3 Halfpipe

Die ersten Versuche beim Befahren einer Halfpipe sollten vom Flachteil ausgehend erfolgen. Die Halfpipe wird mit aneinander gereihten Schwüngen durchfahren, deren Scheitelpunkt sich mit zunehmender Sicherheit immer höher bis schließlich an den oberen Rand der seitlichen Wände verschieben lässt.

Um an den seitlichen Wänden möglichst hoch hinauszukommen, reicht das Gefälle, mit der die Pipe in Längsrichtung geneigt ist, nicht aus. Dies gelingt erst durch entsprechende Körperbewegungen, mit denen zusätzlich Schwung erzeugt wird: Beim Hinabfahren der Wand wird der Körper durch Tiefgehen stabilisiert. Am unteren Ende der **Transition**, dem Übergang von der senkrechten Wand zur Ebene, erfolgt eine Körperstreckung, um das Board in den Flachteil hinein zu beschleunigen, zu „pushen". Grundsätzlich ist es dabei günstig, die Wände in einem stumpfen Winkel anzufahren, damit der Weg hinauf zum Rand möglichst kurz ist.

Die sich beim Befahren der **Transition** ständig verändernde Lage des Körpers im Raum erfordert ein besonderes Gespür für das eigene Gleichgewicht. Daher sollte erst dann, wenn das **Slalomfahren** in der Halfpipe tatsächlich bis annähernd an den oberen Rand der Wände sicher gelingt, versucht

a

b

c

Einstieg in die Halfpipe

werden, von oben in die Pipe einzusteigen. Die Schwierigkeit beim Einstieg liegt in der Verlagerung des Körpergewichts nach vorne. Ist sie nicht ausreichend, fährt das Board unter einem hindurch. Diese Art, zu Fall zu kommen, ist die wohl häufigste bei den ersten Versuchen. Insgesamt hat es sich für den Einstieg, den **Drop-in**, als hilfreich erwiesen, sich von dem Gefühl leiten zu lassen, sich mit dem Kopf voran in die halbe Röhre stürzen zu wollen.

Sobald auch der **Drop-in** gelingt, kann es an das spektakulärste Moment des Halfpipefahrens gehen, die Sprünge über den oberen Rand der seitlichen Wände hinaus. Denn erst in Kombination mit der maximal möglichen Lageenergie des Körpers bei einem Start von oben gelingt es, genügend Schwung für einen Sprung über den Rand der gegenüberliegenden Wand zu erzeugen.

Wichtig ist beim Absprung der Abdruck nach oben und nicht von der Wand weg, damit die Landung an/auf der **Transition** erfolgt, und nicht im flachen Stück zwischen den Wänden, dem **Flat**. Gerade Sprünge lassen in der Halfpipe den Fahrer rückwärts landen, sodass mit dem Heck voran die Wand wieder abzufahren ist. Rotierte Sprünge erlauben dagegen, je nach Drehwinkel, auch eine Beibehaltung der Fahrtrichtung.

In der Halfpipe: vom Hinunterfahren einer Wand, dem Durchfahren der **Flat**, dem Hinauffahren der nächsten Wand über den **Coping** hinaus bis zur Landung in der **Transition**

7 BACKCOUNTRY – ALPINES KNOW-HOW UND LAWINENKUNDE

Die Auseinandersetzung auf dem Snowboard mit den Naturgewalten der Bergwelt wird immer häufiger auch abseits der Pisten gesucht. Dabei geraten die im oberflächlichen Hinsehen nur aus Stein und Eis bestehenden Gipfel nicht selten aus dem Gleichgewicht; aus dem ökologischen ebenso wie aus dem statischen. Grund dafür ist meist ein Verhalten, das vor allem auf einem beruht: Gedankenlosigkeit. Das kann für den Menschen selbst verhängnisvoll sein, wenn er durch Unkenntnis und Ignoranz der alpinen Risiken sich und andere gefährdet. Und es ist für Flora und Fauna folgenreich, wenn unbedacht Wald und Wiesen durchkreuzt werden. Denn neben offensichtlichen Schädigungen, wie sie durch das An- und Umfahren kleineren Baumbestandes entstehen, bleibt insbesondere der Einfluss auf die Tierwelt gewöhnlich unbemerkt: Ein aufgeschrecktes Tier verbraucht beispielsweise in der winterlichen Jahreszeit für die Flucht so viel Energie, dass es auf Grund von Entkräftung häufig daran stirbt.

Gleichwohl lässt sich beim so genannten **Variantenfahren** und **Tourenboarding** – verantwortliches Handeln vorausgesetzt – eine einzigartige Erlebniswelt erschließen, bei der neben den reizvollen Bewegungserfahrungen beim Hinabgleiten tiefschneebedeckter Hänge und dem Springen von (vorher erkundeten!) Cliffs vor allem die Natur im Mittelpunkt steht.

Aufstieg im Backcountry

7.1 Die Gefahr von Lawinen

Das größte Risiko abseits befestigter Pisten stellen neben Absturz und Verletzung zweifellos die Lawinen dar. Sie können in vielfältigen Formen auftreten, die nach ganz unterschiedlichen Kriterien klassifiziert werden:

- Bei der Form des Anrisses wird zwischen einem scharfkantig und auf größerer Breite abrutschenden **Schneebrett** einerseits und einer punktförmig beginnenden **Lockerschneelawine** andererseits differenziert.
- Eine Schneebrettlawine bewegt sich im Allgemeinen „flächig". Wird sie aber z. B. durch Felsformationen kanalisiert, ergibt sich eine **runsenförmige Bahn**.
- Ist die Konsistenz des abgehenden Schnees eher feucht, spricht man von einer **Nassschneelawine**. Im Gegensatz dazu steht die **Trockenschneelawine**.
- Bleibt der abgehende Schnee in Bodennähe, handelt es sich um eine **Fließlawine**. Im Zuge des Lawinenabgangs hoch aufwirbelnder Schnee bildet hingegen eine **Staublawine**.
- Eine **Oberlawine** rutscht auf einer sich innerhalb der Schneedecke befindenden Gleitschicht ab, während eine Bodenlawine sich direkt auf dem Untergrund bewegt.
- Bei der Größe von Lawinen wird zwischen **kleinen Lawinen**, bei denen Personen nur in Ausnahmefällen Schaden nehmen, **mittleren Lawinen**, die als die „typischen" Skifahrerlawinen gelten und **großen Lawinen**, die neben der Verschüttung von Personen auch erheblichen Sachschaden anrichten können, unterschieden.
- Die Größe einer Lawine bestimmt wiederum auch die Länge ihrer Bahn. Nur große Lawinen können sich vom Berg bis ins Tal bewegen und werden dann **Tallawinen** genannt. Kleinere Lawinen laufen früher aus und kommen am Hangfuß zum Stillstand. Sie heißen entsprechend **Hanglawinen**.

Die Lawinengefahr wird seit 1993 in den Alpenländern einheitlich nach einer mehrstufigen Skala abgeschätzt. Um ein einheitliches Verstehen zu gewährleisten, wurden im Folgejahr noch geringfügige sprachliche Veränderungen vorgenommen. Seitdem beschreibt die europäische Lawinengefahrenskala fünf progressiv ansteigende Gefahrenstufen, die sich an der Schneedeckenstabilität und der Lawinenauslösewahrscheinlichkeit orientieren.

7.1.1 Schneedeckenstabilität

Die Schneedeckenstabilität bezieht sich auf die jeweils vorherrschende Konsistenz der Schneedecke und ist damit die Basis für die Beurteilung der Lawinengefahr. Maßgeblich für die Schneedeckenstabilität ist der Aufbau der einzelnen Schneeschichten sowie die Verbindung der einzelnen Schichten untereinander. Auf Grund von Witterungseinflüssen verändert sich die Konsistenz der einzelnen Schichten und deren Zusammenhalt fortlaufend. Dabei lassen sich grundsätzlich vier Veränderungsformen unterscheiden: die **mechanische**, die **abbauende**, die **aufbauende** und die **Schmelzumwandlung**.

- Verantwortlich für die **mechanische Umwandlung** ist vor allem der Wind. Bei Schneefall werden schon in der Luft die ersten Schneekristalle zerbrochen. Dieser Prozess setzt sich fort, wenn die einzelnen Schneekristalle über den Boden verweht werden. Dieser **Triebschnee** wird an windabgewandten Kämmen und Hängen abgelagert. Die deformierten Kristalle werden in die Schneedecke eingepresst, sodass hohe Spannungen entstehen. Die Gefahr von Schneebrettlawinen ist entsprechend hoch. Da der Wind im alpinen Gelände selten aus nur einer Richtung weht, ist das Erkennen von Triebschnee nicht einfach. So können Bodenwinde beispielsweise zu Triebschneeablagerungen sogar auf der dem Höhenwind zugewandten (Luv-)Seite führen. Zwar lassen sich Schneewächten oder Überhänge noch relativ leicht ausmachen, Ablagerungen in Rinnen und Mulden sind hingegen kaum zu erkennen. Eine gewellte Schneedecke oder gar zackenförmige Gebilde auf der winderodierten Schneeoberfläche, so genannte **Windgangeln**, sind jedoch ein untrüglicher Hinweis darauf, dass erhebliche Schneeverfrachtungen stattgefunden haben und zumindest im weiteren Umfeld mit der Gefahr von Triebschnee zu rechnen ist.

- Die **abbauende Umwandlung** setzt im Anschluss an Neuschneefälle ein. Die feinen Spitzen der Neuschneekristalle beginnen zu verdunsten. Ein Großteil des dadurch entstehenden Wasserdampfs lagert sich im Zuge dieses Prozesses am Kern der einzelnen Schneekristalle ab. Diese werden zunehmend kleiner und runder, wodurch es zur Setzung der Schneedecke kommt. Aus der vor allem in den ersten Tagen nach ergiebigen Neuschneefällen noch extrem labilen Schneedecke entsteht eine feste und dichte Schicht. Dieser Vorgang vollzieht sich umso schneller, je höher die Außentemperaturen sind und die Verdunstung begünstigen; im Schatten von Nordhängen also deutlich langsamer als beispielsweise an Südhängen, in Tallagen schneller als in

Gipfelnähe. Zu der beschriebenen zunehmenden Entspannung der Schneedecke kommt es jedoch nur bei langsamer Erwärmung. Plötzliche Temperaturanstiege (z. B. durch starke Sonneneinstrahlung oder Föhneinfluss) erhöhen hingegen die vorhandenen Spannungen kurzfristig.

- Da die Temperaturen innerhalb einer Schneedecke nicht konstant sind, kommt es bald zu Veränderungen im Aufbau derselben. Die bodennahen Schichten sind meist deutlich wärmer als die Oberfläche. Dabei fallen die Temperaturdifferenzen in Abhängigkeit zu Untergrund (Fels, Wiesen- oder Waldboden usw.) und Außentemperatur unterschiedlich hoch aus. Durch die Erdwärme kommt es in den bodennahen Schneeschichten zu Verdunstungen. Der entstehende Wasserdampf steigt auf und schlägt sich an den Kristallen der kälteren, oberflächennahen Schneeschichten nieder. Es kommt zu einer **aufbauenden Umwandlung**. Es bildet sich **Tiefenreif** oder **Schwimmschnee**. Die Verbindung zu den darunter liegenden Schichten nimmt mehr und mehr ab, bis sich geradezu eine Gleitfläche für die darüber liegenden Schneeschichten herausgebildet hat. Akute Schneebrettgefahr ist die Folge. Eine besondere Form der **aufbauenden Umwandlung** stellt die Bildung von Oberflächenreif dar. Die sich auf einer kalten Schneedecke niederschlagende Luftfeuchtigkeit bildet große, flache Kristalle aus. Kommt es jetzt zu Neuschneefällen, vermindert der Oberflächenreif den Halt des hinzukommenden Schnees mit dem Altschnee. Der Oberflächenreif wird zu einer Gleitschicht zwischen dem Alt- und dem Neuschnee und begünstigt damit die Gefahr von Schneebrettern. Mit dieser Form von Gleitschichten ist vor allem an Nordhängen zu rechnen. Denn durch Schattenwirkung sind die Oberflächen der hier gelegenen Schneedecken tagsüber kälter als an anderen Orten, weshalb hier erhöht Luftfeuchtigkeit kondensiert.

- Bei Warmlufteinbruch, Regen oder starker Sonneneinstrahlung, z. B. im Frühjahr, kommt es zur **Schmelzumwandlung**. An der Oberfläche der Schneedecke entsteht ein Wasserfilm, der bei Abkühlung wieder gefriert. Durch wiederholtes Antauen und Gefrieren entsteht grobkörniger **Sulzschnee**. Dieser gilt als sehr fest und damit lawinensicher. Gleichwohl ergeben sich jedoch unterschiedliche Gefahrenmomente in Abhängigkeit zu den sich jeweils darunter befindlichen Schneeschichten: Wird das in die Schneedecke einsickernde Schmelzwasser von einer festen Zwischenschicht aufgehalten, entsteht die Gefahr von nassen Schneebrettern. Befindet sich hingegen unterhalb der Schicht aus Sulzschnee **Faulschnee**, nasser und haltloser Sulz, wird es gefährlich, sobald die Oberflächenschicht mit steigenden Temperaturen über Tag beginnt, brüchig zu werden.

Die eben beschriebenen, allgemeinen witterungsbedingten Einflussfaktoren auf die Stabilität einer Schneedecke erfahren vor allem durch die **Exposition, Neigung** und **Höhenlage** eines Hangs eine spezifische Ausprägung.

- Mit der **Exposition** eines Hangs ist seine Ausrichtung nach den Himmelsrichtungen bezeichnet. Ein Nordhang liegt in Richtung Norden, weshalb er im Hochwinter über lange Zeit im Schatten liegt. Ein Südhang liegt in Richtung Süden und erhält damit die meiste Sonneneinstrahlung. Unabhängig von der Himmelsrichtung kann es zu Abschattungen durch den Nahhorizont (umgebende Bergformationen) kommen. Dies ist bei tiefem Sonnenstand im Hochwinter häufiger als im Frühling. Während eine langsame Erwärmung zu einer zunehmenden Entspannung der Schneedecke führt, verlangsamen oder verhindern gar die anhaltend tiefen Temperaturen an schattigen Hängen diesen Prozess. Die meisten Lawinenunfälle ereignen sich daher im Sektor Nord (Nord-West bis Nord-Ost).

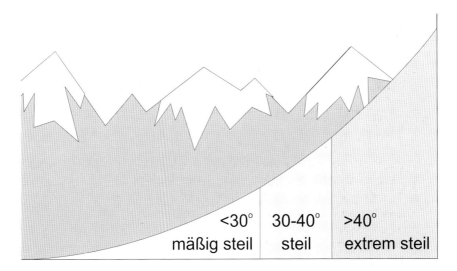

Abb. 9: Bezeichnung der Hangneigung

- Je steiler das Gelände ansteigt, je größer also die **Hangneigung** ist, umso weniger Halt bietet sich einer Schneedecke. Damit verbunden, erhöhen sich potenziell die Spannungen innerhalb der Schneedecke. Grundsätzlich sind Lawinenabgänge schon ab einer Neigung von 25° möglich. Mit zunehmender Steigung vergrößert sich die Gefahr. Untersuchungen des **Eidgenössischen Instituts für Schnee- und Lawinenforschung** (SLF) in Davos (Schweiz) haben ergeben, dass Schneebrettlawinen größtenteils in einem Neigungsbereich von 32-42° anreißen. Der Mittelwert liegt bei 36°. In der europäischen Lawinengefahrenskala werden Hangneigungen von weniger als 30° als **mäßig steil** bezeichnet. Als **Steilhänge** gelten Hänge von mehr als 30°. **Extreme Steilhänge** weisen eine Neigung von mehr als 40° auf.

- Die **Höhenlage** eines Hangs hat Einfluss auf die vorherrschenden Außentemperaturen. Diese bestimmen maßgeblich die innerhalb der Schneedecke stattfindenden Umwandlungsprozesse. Während tiefe Temperaturen der Setzung einer Schneedecke entgegenstehen und damit den Abgang trockener Lawinen begünstigen, steigt unter entsprechenden Voraussetzungen bei hohen Temperaturen die Gefahr von Nassschneelawinen. Da die Außentemperaturen mit zunehmender Höhe abnehmen, sind als kritisch einzuschätzende tiefe Temperaturen **ab** einer bestimmten Höhe zu erwarten, gefährlich hohe Temperaturen **bis** zu einer bestimmten Höhe. In Lawinenlageberichten wird daher in Bezug auf die Gefahr von trockenen Lawinen die Meereshöhe angegeben, **oberhalb** der damit zu rechnen ist. Entsprechend wird für die Wahrscheinlichkeit des Auftretens von Nassschneelawinen die Meereshöhe angegeben, **unterhalb** der eine Gefahr besteht.

Allgemein gilt, dass die Lawinengefahr bei einer hohen Festigkeit der Schneedecke mit entsprechend niedrigen Spannungen (große Schneedeckenstabilität) eher gering ist. Umgekehrt ist bei geringer Festigkeit mit entsprechend hohen Spannungen (niedrige Schneedeckenstabilität) von besonderer Lawinengefahr auszugehen. Die Konsistenz einer Schneedecke ist aber immer nur an Einzelpunkten im Gelände messbar. Die Angaben über die Schneedeckenstabilität in den Lawinenlageberichten sind daher Schätzungen, die auf den Daten der verschiedenen angeschlossenen Messstationen beruhen.

Ein untrügliches Zeichen hoher Spannungen innerhalb der Schneedecke sind neben kleineren, spontanen Lawinenabgängen dumpfe „Wumm"-Geräusche sowie leichte Vibrationen in der Schneedecke, die selbst von sich entfernt bewegenden Personen herrühren.

Um die konkreten Bedingungen vor Ort genauer zu bestimmen, ist das Graben eines Schneeprofils möglich. Anders als jedoch die Identifikation von Schwimmschnee, die selbst Ungeübten durch den plötzlich nach unten wegrieselnden Schnee beim Graben gelingen kann, bedarf es langjähriger Erfahrung zum richtigen „Lesen" eines Schneeprofils.

Außerdem ändern sich meist die Faktoren Hangneigung, Exposition und Höhenlage im Verlauf einer Tour, sodass auch ein zuvor gegrabenes und (richtig) interpretiertes Schneeprofil lediglich ein weiterer Anhaltspunkt für die zu erwartende Schneedeckenstabilität sein kann. Der Schweizer Bergführerausbilder Werner Munter, bekannt durch die von ihm entwickelte und nach ihm benannte Methode zur Reduzierung von Lawinenunfällen,[18] geht gar davon aus, dass die Schneedeckenstabilität selbst an einem gleichförmig erscheinenden Hang unterschiedliche Gefahrenpotenziale birgt. Hier kann es Inseln der Instabilität, so genannte **Hot Spots**, geben, die lediglich von ihrer stabileren Umgebung gehalten werden. Äußere Einflüsse können zu einer Verbindung mehrerer **Hot Spots** an einem Hang führen, sodass selbst spontane Lawinenabgänge möglich werden. Ein repräsentatives Schneeprofil kann es nach Munter daher nicht geben.

7.1.2 Auslösewahrscheinlichkeit

Ausgehend von der Schneedeckenstabilität, wird die Lawinenauslösewahrscheinlichkeit bestimmt. Sie stellt ein Wahrscheinlichkeitsmaß für das Auftreten von Lawinen dar. Die Auslösewahrscheinlichkeit und damit das Auftreten von Lawinen ist bei hoher Stabilität der Schneedecke gering. Entsprechend steigt die Auslösewahrscheinlichkeit bei abnehmender Schneedeckenstabilität. Dabei wird unterschieden zwischen der Wahrscheinlichkeit ohne und mit äußerer Einflussnahme. Lawinenabgänge ohne äußeren Einfluss werden als „spontane" Auslösung bezeichnet. Bei äußeren Einflüssen wird wiederum nach der Größe der Zusatzbelastung auf die Schneedecke differenziert. Große Zusatzbelastungen stellen beispielsweise bewusst angebrachte Sprengungen, Pistenfahrzeuge oder Skigruppen mit nur geringem Abstand der einzelnen Personen zueinander dar. Geringe Zusatzbelastungen üben hingegen einzelne Skiläufer, Snowboarder oder Fußgänger auf die Schneedecke aus.

Wie die Auswertung von Lawinenunfällen zeigt, sind spontane Lawinenabgänge deutlich seltener die Ursache als die durch äußeren Einfluss hervorgerufenen Abgänge: Mehr als 90 % aller tödlich Verunglückten lösten die Lawinen selbst aus.

---

18 Vgl. Munter, 1998².

Die Wahrscheinlichkeit eines Lawinenabgangs steigt mit zunehmender Spannung innerhalb der Schneedecke an. Wie beschrieben, variiert die allgemeine Stabilität der Schneedecke innerhalb eines Gebiets in Abhängigkeit zur Ausrichtung, Neigung und Höhe einzelner Hänge mehr oder minder stark. Entsprechend werden diese drei Faktoren in den Lawinenlageberichten gesondert behandelt. Geländeteile, in denen sowohl Hangneigung, Hangexposition als auch Höhenlage in einem Lawinenlagebericht als gefährdet eingestuft werden, gelten als **Kernzonen**. Im Zeitraum von 1993-1997 ereigneten sich nach Angabe des **Eidgenössischen Instituts für Schnee- und Lawinenforschung** (SLF) 72 % aller tödlich verlaufenden Lawinenunfälle in diesen **Kernzonen**; und zwar unabhängig von der jeweils ausgewiesenen allgemeinen Gefahrenstufe.

7.1.3 Europäische Lawinengefahrenskala

In der europäischen Lawinengefahrenskala, die mit einigen kleinen Modifikationen inzwischen auch in Nordamerika Verwendung findet, werden Schneedeckenstabilität und Lawinenauslösewahrscheinlichkeit fünf Gefahrenstufen von **gering** über **mäßig**, **erheblich** und **hoch** bis hin zu **sehr hoch** zugeordnet. Aus der den einzelnen Gefahrenstufen zugeordneten Charakterisierung der Schneedeckenstabilität und Lawinenauslösewahrscheinlichkeit muss jeweils das Gefährdungspotenzial sowie Konsequenzen für das Verhalten außerhalb gesicherter Zonen abgeleitet werden. Im Gegensatz zu den schweizerischen, österreichischen und deutschen Lawinenwarndiensten geben französische und italienische Warndienste zu den möglichen Auswirkungen und angezeigten Verhaltensweisen keine Hinweise ab. Die in der nachfolgenden Tabelle zur europäischen Lawinengefahrenskala ausgewiesenen Interpretationen gehen auf die Angaben des **Eidgenössischen Instituts für Schnee- und Lawinenforschung** (SLF) [19] sowie auf die Ratschläge für Tourengeher des **Bayerischen Lawinenwarndienstes** [20] zurück.

Bei der eigenen Orientierung an der Klassifikation der jeweils vorherrschenden Lawinenlage ist zu beachten, dass diese nur einen generellen Hinweis bietet. Auch die für eine Tour abseits gesicherter Pisten stets hinzuzuziehenden, ausführlicheren regionalen Lawinenlageberichte geben nur Anhaltspunkte für besonders gefährdete Höhenlagen, Hangexpositionen und Hangneigungen. Lokale Besonderheiten können stets eine erheblich höhere Lawinengefahr bedingen, wobei insbesondere die Übergangszonen berücksichtigt werden sollten. Grundsätzlich gilt, dass eine potenzielle Lawinengefahr immer gegeben ist. So ereignete sich beispielsweise in der Schweiz im Zeitraum von 1993-1997 mehr als ein Drittel aller tödlichen Lawinenunfälle bei **geringer** und **mäßiger** Lawinengefahr. [21]

---

19 Vgl. SLF, 1999.
20 Vgl. Bayerischer Lawinenwarndienst, 1999.
21 Vgl. SLF, 1999.

SNOWBOARDING

Die europäische Lawinengefahrenskala

Gefahrenstufe	Schneedeckenstabilität	Lawinenauslösewahrscheinlichkeit
1 • Gering • Faible (français) • Low (english) • Debole (italiano) Farbe: GRÜN	Die Schneedecke ist allgemein gut verfestigt und stabil.	Eine Auslösung ist allgemein nur bei großer Zusatzbelastung an sehr wenigen, extremen Steilhängen möglich. Spontan sind nur kleine Lawinen (Rutsche) möglich.
2 • Mäßig • Limité (français) • Moderate (english) • Moderato (italiano) Farbe: GELB	Die Schneedecke ist an einigen Steilhängen nur mäßig verfestigt, ansonsten allgemein gut verfestigt.	Eine Auslösung ist insbesondere bei großer Zusatzbelastung vor allem an den angegebenen Steilhängen möglich. Größere, spontane Lawinen sind nicht zu erwarten.
3 • Erheblich • Marqué (français) • Considerable (english) • Marcato (italiano) Farbe: DUNKELGELB	Die Schneedecke ist an vielen Steilhängen nur mäßig bis schwach verfestigt.	Eine Auslösung ist bereits bei geringer Zusatzbelastung vor allem an den angegebenen Steilhängen möglich. Fallweise sind spontane, einige mittlere, vereinzelt aber auch große Lawinen möglich.
4 • Groß • Fort (français) • High (english) • Forte (italiano) Farbe: ORANGE	Die Schneedecke ist an den meisten Steilhängen schwach verfestigt.	Eine Auslösung ist bereits bei geringer Zusatzbelastung an zahlreichen Steilhängen wahrscheinlich. Fallweise sind spontan viele mittlere, mehrfach auch große Lawinen zu erwarten.
5 • Sehr groß • Très fort (français) • Very high (english) • Molto forte (italiano) Farbe: ROT	Die Schneedecke ist allgemein schwach verfestigt und weit gehend instabil.	Spontan sind zahlreiche große Lawinen, auch in mäßig steilem Gelände zu erwarten.

Auswirkungen für Verkehrswege und Siedlungen	Hinweise für Personen außerhalb gesicherter Zonen/Empfehlungen
Keine Gefährdung.	Abgesehen von extremem Steilgelände* allgemein sichere Verhältnisse.
Kaum Gefährdung durch spontane Lawinen.	Mehrheitlich günstige Verhältnisse. Vorsichtige Routenwahl vor allem an Steilhängen* der im Lawinenlagebericht angegebenen Exposition und Höhenlage. In Hängen ab ca. 27°* sollte beim Aufstieg ausreichend Abstand zwischen den Mitgliedern einer Gruppe eingehalten werden. Hänge mit einer Neigung von 35°* und mehr sollten einzeln befahren werden.
Exponierte Teile vereinzelt gefährdet.	Teilweise ungünstige Verhältnisse. Erfahrung in der Lawinenbeurteilung erforderlich. Steilhänge* an der im Lawinenlagebericht angegebenen Exposition und Höhenlage möglichst meiden. In Hängen ab ca. 27° sollte beim Aufstieg ausreichend Abstand zwischen den Mitgliedern einer Gruppe eingehalten werden. Hänge mit einer Neigung von 35° und mehr sollten einzeln befahren werden.
Exponierte Teile mehrheitlich gefährdet.	Ungünstige Verhältnisse. Viel Erfahrung in der Lawinenbeurteilung erforderlich. Beschränkung auf mäßig steiles* Gelände; Lawinenauslaufbereiche beachten.
Akute Gefährdung.	Sehr ungünstige Verhältnisse. Verzicht unbedingt empfohlen.

* Der angegebenen Neigungswinkel bezieht sich jeweils auf die steilste Stelle am Hang.

7.2 Risikomanagement

In den vorangegangenen Abschnitten wurden verschiedene, die Schneedeckenstabilität und die Auslösewahrscheinlichkeit von Lawinen beeinflussende Faktoren skizziert. Dabei verlangt es viel praktische Erfahrung, aus den genannten Faktoren Hinweise für eine sichere Routenwahl abzuleiten. Durch die Meidung bestimmter Geländeabschnitte lässt sich das immer vorhandene Risiko jedoch zumindest reduzieren.

Aus der Interpretation der einzelnen Stufen der europäischen Lawinengefahrenskala leiten sich zunächst Aussagen zum Befahrensrisiko allein in Abhängigkeit zur Hangneigung ab.

Eine griffige Ergänzung dazu bietet der **Österreichische Alpenverein** (ÖAV) mit seiner Formel der „magischen 3" an: Danach wird es immer dann besonders gefährlich, wenn bei Lawinenwarnstufe 3 und einem Neuschneezuwachs von mehr als 30 cm ein Hang von mehr als 30° Neigung befahren werden soll.[22]

Allg. Empfehlung:
Verzicht
Vorsicht
Günstig

Abb. 10: Lawinengefahr in Abhängigkeit von der Hangneigung und allgemeinen Gefahrenstufen

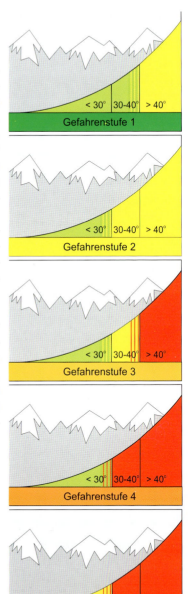

---

22 Vgl. Österreichischer Alpenverein, 1999.

Bei der derzeit wohl populärsten Methode zur Risikominimierung nach Munter [23] wird neben der Hangneigung vor allem auf die Bedeutung der Hangexposition für das zu erwartende Risiko hingewiesen. Danach kann bereits durch einen grundsätzlichen Verzicht auf Steilhänge im Sektor Nord (Nord-West bis Nord-Ost) das Risiko halbiert werden.

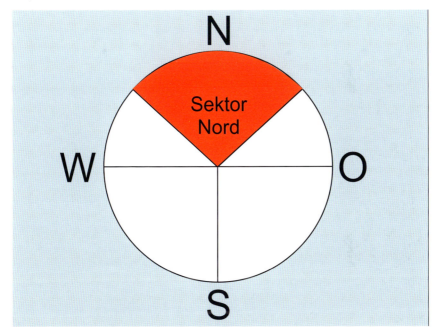

Abb. 11: Sektoreinteilung der Hangexposition

Ist die Entscheidung für die Wahl einer bestimmten Route oder das Befahren eines bestimmten Hangs gefallen, sollte darauf geachtet werden, die Zusatzbelastung möglichst gering zu halten. Das bedeutet, beim Aufstieg genügend Abstand (mindestens 10 m) zum jeweils Vorausgehenden einzuhalten und bei der Abfahrt jeweils einzeln von einem sicheren Startplatz aus bis zu einem sicheren und sichtbaren Standplatz zu boarden. Zum einen wird durch die geringe Zusatzbelastung deren Einfluss auf die Auslösewahrscheinlichkeit von Lawinen möglichst gering gehalten. Zum anderen ist von einem bei der Abfahrt ausgelösten Schneebrett nur eine Person betroffen, sodass der Rest der Gruppe für Hilfsmaßnahmen zur Verfügung steht.

---

23 Vgl. Munter, 1998².

7.3 Sicherheitsausrüstung

Die Kenntnis der alpinen Gefahren und das Wissen um das richtige Verhalten in freiem Gelände bildet eine notwendige Voraussetzung zum Freeriden. Eine absolute Sicherheit kann es dennoch nie geben! Mit der Gefahr von Verletzungen und Lawinen muss stets gerechnet werden. Daher gilt es, das Risiko zu minimieren. Neben einer sorgfältigen Vorbereitung trägt hierzu auch eine geeignete Wahl der Ausrüstung bei.

Die Basis einer jeder Sicherheitsausrüstung stellt ein **Erste-Hilfe-Set** dar. Der Umfang des Sets ist von der Dauer der geplanten Tour und der Entfernung zu gesichertem Gelände abhängig. Grundsätzlich sollte ein Erste-Hilfe-Set jedoch Verbandsmaterialien und eine aluminiumbedampfte Kunststofffolie als Rettungsdecke enthalten, die nach etwaigen Verletzungen im Gelände vor Unterkühlung schützt. In diese wird die betreffende Person mit der silbernen Seite nach innen und entsprechend der goldenen Seite nach außen eingewickelt.

Außerdem sollte stets ein auf die eigene Ausrüstung abgestimmter, kleiner Schraubendreher- und/oder Inbusschlüsselsatz inklusive Ersatzschrauben und -bolzen dabei sein, um z. B. gelöste, gebrochene oder verlorene Bindungsschrauben wieder anziehen zu können. Der Weg nach Hause durch hohen Tiefschnee kann ansonsten sehr beschwerlich werden.

Auch wenn die Nutzung eines Handys im Gebirge häufig nur eingeschränkt möglich ist, sollte es dennoch die Ausrüstung komplettieren. Im Bedarfsfall kann damit meist rasch Hilfe angefordert werden; vorausgesetzt, dass die Telefonnummern der zuständigen Bergwachtzentrale, des Bergrettungsdienstes oder der nächstgelegenen Liftstation bekannt sind. Diese sollten daher vor Beginn einer Tour am besten in das Gerät einprogrammiert werden.

Für die Kommunikation innerhalb einer Gruppe hilfreiche Geräte sind ansonsten zulassungsfreie Handfunkgeräte mit begrenzter Reichweite, die inzwischen in extra kompakter Bauform zum sportlichen Einsatz angeboten werden. Beispielsweise beim getrennten Befahren von Tiefschneehängen ist es den Vorangefahrenen damit möglich, den Nachfolgenden mit Geländehinweisen dienlich zu sein.

Die Überlebenschancen von Lawinenverschütteten liegen im Durchschnitt unter 40 %. Tod durch Ersticken ist dabei die häufigste Todesursache. Seltener sind dafür die aus dem Lawinenabgang resultierenden Verletzungen oder eine nachfolgende Unterkühlung verantwortlich. Die Wahrscheinlichkeit, Lawinenopfer lebend zu bergen, nimmt in Abhängigkeit zur Zeit, die von der Verschüttung bis zur Bergung verstreicht, rasch ab: Während in den ersten 5-10 Minuten noch 90 % der Ganzverschütteten lebend geborgen werden können, sind es nach 30 Minuten nur noch weniger als die Hälfte. Nach einer Stunde wird gerade noch jedes dritte Opfer gerettet.

Erstes Anliegen im Falle eines Lawinenunglücks muss es daher sein, die Bergungszeit möglichst kurz zu halten. Dafür ist zunächst eine rasche Ortung des Verschütteten notwendig. Hierzu dienen **Lawinenverschütteten-Suchgeräte** (LVS- oder auch VS-Geräte). Die etwa handtellergroßen Geräte werden unter der Kleidung am Körper getragen, um im Falle eines Lawinenunglücks nicht vom Träger getrennt zu werden. Sie verfügen grundsätzlich über zwei Funktionen: Senden und Empfangen von Signalen auf einer Frequenz von 457 kHz, dem internationalen Standard seit 1986. Dabei haben sie im Allgemeinen eine Reichweite von maximal 60 m.

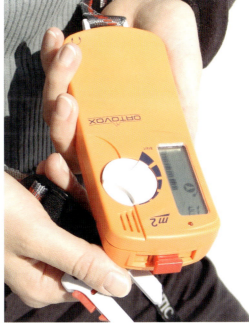

Analoges und digitales VS-Gerät

SNOWBOARDING

Vor dem Start ins Gelände sollten die VS-Geräte bezüglich ihrer Funktionsfähigkeit, insbesondere der vorhandenen Batterieleistung, überprüft, auf die Funktion „Senden" gestellt und in Betrieb (!) genommen werden, da es im Falle einer Verschüttung selten möglich sein wird, noch sein VS-Gerät zu bedienen. Werden nun eine oder mehrere Personen einer Gruppe verschüttet, wechseln alle Übrigen an ihrem VS-Gerät auf die Funktion „Empfangen". Die Ortung erfolgt bei den meisten Geräten über ein akustisches Signal, das mit zunehmender Annäherung an die einen (eingeschalteten) Sender tragenden Verschütteten an Lautstärke zunimmt. Neuere Geräte verfügen inzwischen häufig zusätzlich noch über eine optische Entfernungs- und Richtungsanzeige. Grundsätzlich ist die Suche mit VS-Geräten jedoch deutlich schwerer, als es diese Beschreibung erwarten lässt, weshalb sie der regelmäßigen Übung bedarf! Denn je sicherer die Bedienung im Übungsbetrieb gelingt, je schneller beispielsweise ein zu Übungszwecken in den Schnee geworfener Sender aufgespürt werden kann, umso wahrscheinlicher wird die richtige Handhabung unter der psychischen Belastung im Ernstfall.

Sobald über die Suche mit den VS-Geräten die ungefähre Position eines Verschütteten bestimmt wurde, kommt zur Feinortung eine **Klappsonde** zum Einsatz. Hierbei handelt es sich um ein dünnes, zusammenklappbares Metallrohr, mittels dessen über vorsichtiges Einstechen in die Schneedecke die exakte Lage der gesuchten Person festgestellt wird.

Sicherheitsausrüstung im Backcountry: Erste-Hilfe-Set, Lawinenschaufel, Klappsonde, VS-Gerät, Werkzeug, Ersatzteile

Erst jetzt beginnt das Ausgraben. Da Lawinenschnee durch die im Zuge des Abgangs erfolgte Verdichtung extrem schwer und hart ist, sind Bemühungen, dem georteten Verschütteten durch Graben mit dem Snowboard oder gar mit den Händen näher zu kommen, beinahe aussichtslos. Zur notwendigen Sicherheitsausrüstung für Freeridetouren gehört daher unbedingt auch eine klapp- oder zusammensteckbare Lawinenschaufel. Dazu bieten die großen Hersteller Produkte an, die in Kombination mit entsprechenden Packpacks passgenau gestaut werden können oder sogar in die Außenschale des Rucksacks integriert sind.

Backcountryrucksack mit Zusatzfunktion: Die Außenschale des „Backtools" lässt sich zur Lawinenschaufel ausklappen.

7.4 Allgemeine Hinweise

- Sich auf Touren abseits gesicherter Pisten professionell vorbereiten; z. B. Lawinen- oder Freeride-Camps besuchen. Was zählt, ist Praxis!
- Niemals allein abseits der Pisten boarden – aber auch nicht in zu großen Gruppen.
- Hinweisschilder und Markierungen, sowohl Lawinengefahren als auch Naturschutzmaßnahmen betreffend, beachten.
- Nicht in den Rückzugsgebieten und in der Nähe von Futterzonen für Wild und Vögel sowie in Aufforstungsflächen und Jungwäldern fahren.
- In Waldgebieten auf den angelegten Wegen oder Pisten bleiben.
- An der Waldgrenze ausreichenden Abstand von Einzelbäumen und Baumgruppen halten.
- An der Schneegrenze frühzeitig abschnallen.

8 CONTEST – SNOWBOARDEN ALS WETTKAMPFSPORT

Snowboarden steht für Fahrvergnügen auf präparierten Pisten ebenso wie für Akrobatik. Die Beherrschung des Materials zeigt sich, wenn Schwünge, auf der äußersten Kante gefahren, nur eine schmale Spur im Schnee zurücklassen oder wenn scheinbar von allen Schwerkräften befreite Bewegungen im Gleiten und Springen zu einer Kür werden. Ein Grund für den Reiz des Snowboardens liegt sicher in seiner Vielfältigkeit. Diese Vielfältigkeit bestimmt auch den Wettkampfsport.

Wie das Snowboarden selbst, so haben auch die Formen des sportlichen Wetteiferns darin in den vergangenen Jahren eine rasante Entwicklung genommen. Obwohl zwei Disziplinen des Snowboardens inzwischen in das Programm der Olympischen Winterspiele aufgenommen wurden, bleiben Modifikationen weiterhin bestimmend für den sportlichen Wettstreit. Denn als nach wie vor junge Sportart verfügt das Snowboarden, insbesondere in den Bereichen Material und Fahrtechnik, über ein Innovationspotenzial, dessen fortschreitende Erschließung nach entsprechenden Anpassungen und Ergänzungen des bestehenden Reglements verlangt.

8.1 Alpine Disziplinen

Die alpinen Disziplinen beim Snowboarden sind traditionell stark an den Skisport angelehnt. Während den besonderen Eigenschaften eines Snowboards vor allem der Torlauf beim Slalom und Riesenslalom gerecht zu werden vermochte, stellten sich andere aus dem Skisport bekannte Disziplinen, wie beispielsweise der Abfahrtslauf, als weniger geeignet heraus. Heute werden daher nur noch Riesenslalom und Slalom ausgetragen.

Der Slalomwettbewerb wird beim Snowboarden als **Duell** ausgetragen, bei dem zwei Fahrer gleichzeitig in nebeneinander liegende, etwa 300 m lange Slalomstrecken starten, die aus 20-35 Toren mit jeweils 10-15 m Abstand bestehen. Der Duellwettbewerb geht über drei Runden. Die schnellsten Piloten der ersten Runde treten in der zweiten Runde auf dem jeweils anderen Kurs an. Die Zeitschnellsten in der Addition der beiden Läufe aus den Runden 1 und 2 qualifizieren sich für das Finale; nach dem derzeitigen ISF-Reglement acht Frauen und 16 Männer. Hier wird dann nach dem K.-o.-Prinzip verfahren. Der Gewinner eines Laufs qualifiziert sich für den nächsten usw., bis nur noch zwei Fahrer übrig sind, die den Sieg untereinander ausfechten.

Vor allem für die Zuschauer ist der Parallelslalom interessant, da durch den direkten Vergleich zweier Konkurrenten die Spannung geschürt und die Ermittlung des Siegers nicht einer abstrakten Zeitmessung überlassen wird.

Der Riesenslalom ist erstmals anlässlich der Winterspiele 1998 in Nagano (Japan) in das olympische Programm aufgenommen worden. Diese Disziplin wird auch als **Carving** bezeichnet, was dem Charakter des Wettbewerbs wohl am nächsten kommt: Auf der etwa 700 m langen Strecke stehen die Tore, von denen mindestens 25 aufgestellt sein müssen, mit einem Abstand von 20-30 m weit genug auseinander, um mit langen Schwüngen auf der Kante hohe Geschwindigkeiten zu erreichen. Die teilnehmenden Frauen und Männer gehen nacheinander über die Strecke. Die Zeitschnellsten des ersten Laufes qualifizieren sich für das Finale, für das wie beim **Duell** nach dem derzeitigen ISF-Reglement acht Startplätze bei den Damen und 16 bei den Herren vorgesehen sind. Im Finale wird in umgekehrter Startreihenfolge in das Rennen gegangen, aus dem wiederum der Zeitschnellste als Gesamtsieger hervorgeht.

8.2 Boardercross

Neben den „klassischen" Rennformen, bei denen es darum geht, eine durch Stangen oder Tore bestimmte Strecke schnellstmöglich zu durchfahren, ist vor allem das Boardercross populär. Auch hier entscheidet die Schnelligkeit, in der die Distanz zwischen Start und Ziel überwunden wird, über Sieg und Niederlage. Die Wettkampfstrecke von ca. 400 m Länge ist aber durch deutlich variierende Geländeformationen geprägt, sodass von den Teilnehmern Vielseitigkeit in ihrem fahrerischen Können verlangt wird: Buckelpisten wechseln sich ab mit breiten Hängen und engen Schneisen, Schanzen sind zu überspringen und Steilwände für enge Kurven zu nutzen.

Im Gegensatz zum Parallelslalom sind die Fahrstrecken der einzelnen Kontrahenten beim Boardercross nicht voneinander getrennt. Die wichtigsten Regeln schließen vorsätzliche Behinderungen aus und räumen dem jeweils Kurveninneren ein Vorfahrtsrecht ein.

CONTEST-SNOWBOARDEN 161

Beim derzeit üblichen Austragungsmodus wird in Gruppen von 4-6 Startern gleichzeitig gegeneinander angetreten. Die ersten beiden bzw. die ersten Drei eines jeden Laufs qualifizieren sich für die nächste Runde. Von Runde zu Runde reduziert sich auf diese Weise die Anzahl der noch im Wettkampf verbleibenden Starter, bis in einem Finallauf der Sieger ermittelt wird.

Riesenslalom

8.3 Halfpipe

Der Halfpipewettbewerb ist die zweite olympische Disziplin des Snowboardsports. Hier zeigt sich deutlich die Verwandtschaft zum Skateboarden. Durch den höheren Reibungswiderstand des Snowboards im Schnee reicht die Beschleunigung beim Hinuntergleiten einer Wand jedoch nicht aus, um auf der anderen Seite wieder nach oben zu kommen. Anders als die „Originale" für den Rollsport sind die aus Schnee geformten halben Röhren deshalb nach dem aktuellen FIS- und ISF-Reglement mit 100-110 m wesentlich länger und außerdem in einem Winkel von ca. 15-18° abschüssig geneigt, sodass beim Fahren von Wand zu Wand zusätzlicher Schwung aus der Talfahrt gezogen werden kann.

Als Richtwert für die Breite einer Halfpipe gelten 13-15 m von Rand zu Rand. Die Breite des Flachstücks (**Flat**) zwischen den Auffahrten zur Wand (**Transition**) sollte 5 m nicht überschreiten. Der Kurvenradius, mit dem nach einem kurzen, senkrechten Stück die etwa 4 m hohen Seitenwände (**Walls**) vom oberen Rand (**Coping**) zum Boden abfallen, beträgt in Abhängigkeit zur Hangneigung etwa 5 m.

Entscheidend für den Erfolg in einem Halfpipewettbewerb sind im Grunde die gezeigten Sprünge über den Rand der Röhre. Das sich darin offenbarende fahrerische oder besser turnerische Können bewerten Kampfrichter nach fünf Kriterien:
1. Die Anzahl und Schwierigkeit der Standardmanöver
2. Die Anzahl und Schwierigkeit der Rotationsmanöver
3. Die Höhe der Sprünge über den Rand des Copings
4. Die Sicherheit bei der Landung von Sprüngen
5. Der Gesamteindruck; Behändigkeit und Souveränität des Fahrstils.

Für jedes dieser Kriterien werden bis zu 10 Punkte vergeben, sodass in einem Lauf maximal 50 Punkte erreicht werden können.

Innerhalb eines Halfpipewettbewerbs besteht in zwei Qualifikationsläufen die Chance, sich für das Finale zu qualifizieren, für das nach dem aktuellen ISF-Reglement acht Damen und 16 Herren startberechtigt sind. Nach dem ersten Lauf ziehen die besten vier Fahrerinnen und acht Fahrer direkt in das Finale ein. Die zweite Hälfte der finalen Startplätze wird im zweiten Lauf vergeben. Das Finale selbst besteht wiederum ebenfalls aus zwei Durchgängen. Um die Siegerin oder den Sieger zu krönen, werden die Einzelnoten aus beiden Finaldurchgängen zum Gesamtresultat addiert.

8.4 Slope Style

Wie der Vergleich in der Halfpipe, so stammt auch der Slope Style-Wettbewerb aus dem Fundus des Skateboardens. Hier wie dort besteht die Wettkampfstrecke aus einer Vielzahl unterschiedlicher Bodenformationen und Hindernisse: Viertelröhren, Schanzen, Geländer usw. Anders als beim Boardercross, dessen Streckenführung ja auch durch variierendes Gelände bestimmt wird, ist der Kurs beim Slope Style nicht möglichst schnell, sondern vielmehr mit möglichst spektakulärem Style zu überwinden. Was zählt, ist Kreativität und Sprungvermögen. Dieses eindrucksvoll zur Schau zu stellen, ist den Startern in einem Slope Style-Wettbewerb in nur einem Lauf erlaubt. Dabei liegen dem Slope Style grundsätzlich die gleichen Bewertungsmaßstäbe zu Grunde, die auch in der Halfpipe gelten. Auf Grund der größeren Bandbreite an Möglichkeiten beim Durchfahren des Parcours fällt hier eine Beurteilung jedoch wesentlich schwerer.

Slope Style

8.5 Straight Jump

Für die Wettbewerbsform des Straight Jumps gibt es eine Vielzahl alternativer Benennungen. Häufig ist dabei das englische Wort für Luft, **Air**, im Namen enthalten. Denn Bodenkontakt ist „nur" für den Anlauf nötig. Was zählt, ist die Flugschau. Im Mittelpunkt stehen hier Sprünge über eine meist künstliche Schanze.

Die Sieger werden wie in der Halfpipe und im Slope Style durch eine Juryentscheidung ermittelt. Jeder Teilnehmer absolviert im Allgemeinen zwei Sprünge,

deren Beurteilungen zu gleichen Teilen in das Endergebnis eingehen. Dabei wird über die Qualität dreier Aspekte entschieden:
1. Die Höhe/Weite eines Sprungs
2. Die Schwierigkeit und Vollendung von Manövern in der Luft
3. Die Sicherheit einer gestandenen Landung.

Straight Jump

9 TUNING - REPARATUR UND BOARDPFLEGE

Snowboards weisen vor allem in den Bereichen, in denen das Board im ständigen Kontakt zum Schnee steht, den Kanten und der Lauffläche, Verschleißerscheinungen auf. Diese beeinträchtigen zunehmend die Fahreigenschaften eines Boards. Um den eigenen Fahrspaß zu erhalten, aber auch, um die Lebensdauer des Materials zu verlängern, macht es daher Sinn, Kanten und Lauffläche in regelmäßigen Abständen zu überarbeiten. Denn entsprechend gepflegte Boards drehen besser, fahren schneller und geben mehr Halt auf der Kante.

Die übliche Reihenfolge einer Boardkomplettpflege beginnt mit dem Schleifen der Kanten. Anschließend wird, sofern erforderlich, der Belag ausgebessert und abschließend die Lauffläche gewachst.

Anhaltspunkte für die zweckmäßigen Arbeiten am Board

Aufgabe	Zu Beginn der Saison	Nach ein paar Tagen	Am Ende der Saison
Kanten schleifen	–	Je nach Schneebeschaffenheit – nach einer Woche.	Ja
Belag ausbessern	–	Wann immer nötig.	Wann immer nötig.
Belag wachsen	Nur wenn die vorherrschenden Schneebedingungen nicht mit dem am Ende der vorangegangenen Saison aufgebrachten Wachs harmonieren.	Je nach Schneebeschaffenheit und Temperatur – spätestens nach 1-2 Wochen.	Ja – dabei nach dem Wachsen den Belag nicht abziehen, damit die Kanten während des Sommers vor Rostbefall geschützt sind.

9.1 Das Kantenschleifen

Sauber geschliffene Kanten sind die Voraussetzung für einen guten Griff des Boards auf hartem oder gar eisigem Schnee. Neben offensichtlichen Beschädigungen der Kante, z. B. durch Steine, trägt vor allem das „normale" Fahren dazu bei, die Kanten zunehmend zu entschärfen. Je härter dabei der Untergrund ist, auf dem gefahren wird, umso schneller verwandeln sich scharfe, griffige Kanten in stumpfe, rutschige Kanten. Aus diesem Grund müssen die Kanten nach Fahrten auf verharschten, eisigen Pisten früher bearbeitet werden, als nach dem Boarden auf weicherem Untergrund.

Voraussetzung für das Schleifen der Boardkanten ist eine ausreichende Fixierung des Boards. Ideal sind hierfür spezielle Einspannvorrichtungen, mit denen das Board an einer Tischkante o. Ä. befestigt werden kann.

Bevor mit dem eigentlichen Schleifen begonnen wird, sollte zunächst mit einem Schleifstein ein paar Mal über die Kanten gegangen werden, um möglicherweise durch Steine oder Ähnliches hervorgerufene Unebenheiten zu entgraten. Damit wird verhindert, dass die Feile beim Schleifen hängen bleibt und dadurch die Kante beschädigt.

Für den Kantenschliff verwendet man entweder eine Karosseriefeile oder einen speziellen Kantenhobel. Da für den Umgang mit der Karosseriefeile viel Erfahrung nötig ist, gleichzeitig aber auch jedes Abrutschen oder Hängenbleiben der Kante schadet, ist der Einsatz eines Kantenhobels dem einer Karosseriefeile im Allgemeinen vorzuziehen.

Bearbeitung eines eingespannten Boards mit Kantenhobel oder Karosseriefeile

Die Schleifbewegung ist, unabhängig vom verwendeten Werkzeug, möglichst gleichmäßig mit leichtem Druck über den gesamten Weg jeweils von der Boardspitze zum Heck auszuführen. Die Kantenhobel und Winkelaufnahmen für Karosseriefeilen sind nur für das Bearbeiten der Seitenkanten ausgelegt, was für das Wiederherstellen eines optimalen Kantengriffs im Allgemeinen auch völlig ausreichend ist. Das Schleifen der Kanten auf der Boardunterseite ist zwar mit einer Karosseriefeile möglich, sollte aber dennoch einem professionellen Service überlassen werden, da in Heimarbeit die Gefahr zu groß ist, den Belag zu beschädigen.

In Abhängigkeit vom Einsatzbereich des Boards sind die Kanten werksseitig in unterschiedlichen Winkeln zur Boardunterseite geschliffen. Verläuft die Unterkante nicht parallel zum Belag, sondern zu den Seiten um bis zu 3° abfallend, wird von einer **hängenden** Kante gesprochen. Je stärker eine hängende Kante ausgeprägt ist, umso geringer ist die Gefahr des Verkantens beim Gleiten und umso drehfreudiger zeigt sich das Board.

> Hängende Kanten reduzieren beim Gleiten die Gefahr des Verkantens und wirken sich positiv auf das Drehverhalten des Boards aus.

Demgegenüber erhöhen Seitenkanten, die nicht im rechten Winkel zur Boardunterseite verlaufen, sondern um bis zu 4° davon nach unten abweichen, so genannte **hinterschliffene** Kanten, die Griffigkeit des Boards. Gleichzeitig stei-

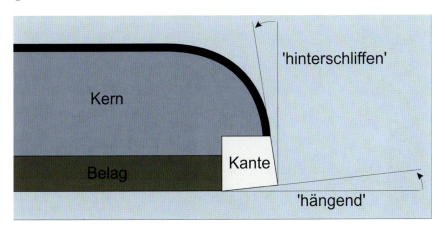

Abb. 12: Die Kante eines Snowboards

gert sich damit aber auch die Gefahr des Verschneidens. Das Einstellen eines bestimmten Neigungswinkels erfolgt bei den gängigen Kantenhobeln und Anlagewinkeln über Einstellräder oder Keile.

> Hinterschliffene Kanten erhöhen die Griffigkeit des Boards, begünstigen gleichzeitig aber auch sein Verschneiden.

Sind die Kanten geschliffen, muss abermals entgratet werden. Nun kommt jedoch entweder ein Schleifgummi oder feines Schleifpapier (≈ 400er Körnung) zum Einsatz, das jeweils 1-2 x über die Unter- und Seitenkanten gezogen wird. Um das Board etwas drehfreudiger zu machen und um die Gefahr des Verkantens beim Gleiten zu reduzieren, können mit dem Schleifgummi oder dem Schleifpapier die Kanten im vorderen Bereich des Boards bis ca. 10-15 cm von der Spitze entfernt und im hinteren Bereich bis ca. 5 cm vom Heck entfernt leicht abgerundet, **gebrochen**, werden.

Bearbeiten der Seitenkanten mit einem Schleifgummi

9.2 Belagausbesserung

Beschädigungen des Belags wirken sich nicht nur nachteilig auf die Funktion der Gleitfläche selbst aus, sondern können auch zur Ursache für weitaus schwer wiegendere Defekte des Boards werden, wenn durch sie z. B. Feuchtigkeit bis in das Boardinnere vordringt. Weil schon kleine Löcher in der ansonsten glatten Gleitfläche einen Angriffspunkt für Schmutz und Steine bieten, besteht die Gefahr, dass sie sich rasch vergrößern. Mit der Ausbesserung von Beschädigungen sollte daher nicht zu lange gewartet werden.

Eine Ausbesserung von Beschädigungen des Belags ist ohne großen Aufwand möglich. Benötigt werden lediglich **Repairsticks**, Kunststoffstreifen, die je nach Belagtyp in **Transparent** (für durchsichtig/milchige Beläge) oder **Grafit** (für schwarze Beläge) zu erhalten sind. Zur Ausbesserung muss die jeweilige Stelle zunächst von Wachs- und Schmutzresten befreit werden. Eventuell hervorstehende Belagfasern sind mit einem scharfen Messer zu entfernen. Mit einem Bügeleisen oder Fön wird der Belag rund um die zu reparierende Stelle erwärmt, um die Bindung von Reparaturmittel und Belag zu verbessern. Anschließend werden die **Repairsticks** mit einem Feuerzeug o. Ä. entzündet. Der abtropfende Kunststoff muss zunächst auf einer Unterlage aufgefangen werden, bis die Flamme nicht mehr rußt. Erst dann wird der **Repairstick** über das Board gehalten, sodass der Kunststoff in die auszubessernde Stelle träufeln kann. Sobald der Kunststoff erkaltet ist, kann das überstehende Material mit einem scharfen Messer oder einer Feile abgehoben werden, bis es mit dem Belag eben abschließt.

Repairstick beim Auftropfen auf eine Unterlage und auf den Belag eines eingespannten Boards

Abhobeln des überstehenden Kunststoffs an der Reparaturstelle

Insbesondere für kleinere Reparaturen am Belag hat sich alternativ zum **Repairstick** der Einsatz von speziellem Kunststoffpulver bewährt, das in/auf die zu reparierende Stelle gepudert wird. Mit einem Bügeleisen wird der Kunststoff anschließend verflüssigt, sodass er sich mit dem Belag verbinden kann. Dabei sorgt eine dazugehörige, zwischen Bügeleisen und Pulver zu legende Folie dafür, dass es nur zu einer Haftung nach unten mit dem Belag kommt.

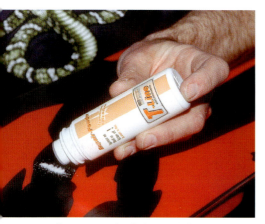

Reparatur des Belags mit Pulver

9.3 Wachsen

Das Wachsen des Belags erfüllt eine doppelte Funktion. Zum einen verhindert eine intakte Wachsschicht die durch UV-Strahlung bedingte Oxidation des Belags, wodurch die Lebensdauer desselben verlängert wird. Zum anderen verbessert das Wachs die Gleiteigenschaften des Belags. Das ist nicht nur dann von Bedeutung, wenn der Weg ins Tal möglichst zügig zurückgelegt werden soll. Bei Fahrten im Tiefschnee wirkt sich ein richtig gewachster Belag darüber hinaus positiv auf die Dreheigenschaften des Boards aus.

> Das Wachsen des Belags erfüllt zwei Funktionen. Neben der Verbesserung der Gleiteigenschaften verlängert es auch die Lebensdauer der Lauffläche.

Beim Snowboarden entsteht durch die Reibung des Belags auf dem Schnee Wärme. Diese Wärme lässt unter dem Board einen Schmelzwasserfilm entstehen, der mit zunehmender Dicke eine Saug- und damit auch Bremswirkung erzeugt. Dem Wachs kommt die Aufgabe zu, das Ausbilden eines geschlossenen Wasserfilms unter dem Board zu verhindern und damit die Gleiteigenschaften zu verbessern.

Damit es diese Aufgabe möglichst optimal erfüllen kann, muss das Wachs in seiner Konsistenz auf die äußeren Bedingungen, Schneebeschaffenheit und Temperatur, abgestimmt sein. Während z. B. Pulverschnee und Kunstschnee durch seine scharfen, spitzen Eiskristalle eine hohe Reibung verursacht, ist Altschnee oder gar nasser Schnee nicht mehr so abriebsstark. Für die erstgenannten Bedingungen ist daher ein härterer Wachs vonnöten als für die Letzteren. Darüber hinaus bestimmen die Reibungsunterschiede zwischen den verschiedenen Schneearten die Häufigkeit, mit der gewachst werden muss. So ist bei abriebstarkem Neu- oder Kunstschnee häufiger Wachs aufzubringen als bei abriebschwächerem alten und/oder nassen Schnee.

> Die Häufigkeit des Wachsens und die Wahl des Wachses richtet sich nach der Schneebeschaffenheit und der Temperatur.

Grundsätzlich stehen zwei Möglichkeiten der Belagpräparierung zur Auswahl: das **Kaltwachsen** und das **Heißwachsen**. Kaltwachs (als Sprüh-, Pasten- oder Schmierprodukt) dringt jedoch nicht so tief in die Poren des Belags ein, wie es dem Heißwachs möglich ist, was die Wirksamkeit von Kaltwachs einschränkt. Es ist daher eher als Hilfe für unterwegs zu gebrauchen, da es völlig unkompliziert und schnell zu verwenden ist.

Zum Heißwachsen muss zunächst die Lauffläche mithilfe eines Wachsentferners vom alten Wachs und Schmutz gereinigt werden, damit der neue Wachs möglichst tief in die Poren des Belags eindringt und entsprechend lange seine angestrebte Wirkung entfaltet.

Mittels eines speziellen Heißwachsgeräts, aber beinahe ebenso gut auch mittels eines Haushaltsbügeleisens, wird der Wachs auf die Lauffläche des Boards aufgetropft. Dazu werden die gemäß ihren jeweiligen Temperatureigenschaften ausgewählten Wachsblöcke über dem Board am Bügeleisen zum Schmelzen gebracht.

Ist die Lauffläche mit genügend Wachstropfen versehen, werden diese mit dem Bügeleisen auf dem Belag zu einer gleichmäßigen Schicht verteilt und eini-

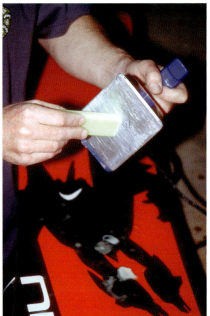 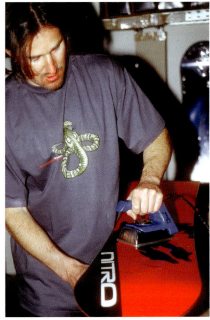

Auftragen und Verteilen des (Heiß-)Wachses auf das Board

ge Minuten eingebügelt. Sofern sich dabei das Bügeleisen auf dem Belag nicht leichtgängig bewegen lässt, sollte etwas mehr Wachs aufgetropft werden. Findet ein haushaltsübliches Bügelgerät Verwendung, ist auf die Temperaturwahl zu achten! Am besten mit niedriger Temperatureinstellung beginnen und langsam steigern, bis sich das Wachs gerade eben gut verteilen lässt. Das sollte etwa im mittleren Temperaturbereich der Fall sein. Wird das Board zu heiß gebügelt, besteht die Gefahr, dass sich der Belag vom Kern ablöst.

Nach dem Abkühlen des Wachses muss der Belag „abgezogen" werden. Mit einer Abziehklinge wird in Fahrtrichtung, also von der Schaufel zum Heck hin, das überschüssige Wachs heruntergehobelt. Dabei sollte so lange über das Board gegangen werden, bis kaum noch Wachsflocken erzeugt werden.

Zum Schluss wird mithilfe einer Bürste, ebenfalls in Fahrtrichtung, bei steingeschliffenen Belägen (vgl. Abschnitt 3.1.2), die Struktur der Gleitfläche wieder freigelegt.

Abziehen des Belags

Strukturieren des Belags

10 LEXIKON – SNOWBOARD-FACHBEGRIFFE

A

Air: Oberbegriff für alle Sprünge.
Air to Fakie: Vorwärts abspringen und rückwärts landen.
Arch: Körperspannung im Sprung.

B

Backflip: Rückwärtssalto.
Backscratcher: Sprung, bei dem die Fersen zum Rücken hochgezogen werden.
Backside: Fersenkante.
Bail: Sturz.
Bank: Steilkurve aus Schnee.
Base: Gleitfläche (Belag) des Boards.
Bevel-Kit: Keile für die Bindung.
Boardercross: Wettbewerb mit Massenstart durch einen Hindernisparcours.
Bone: Sprung, bei dem ein Bein angewinkelt und das andere gestreckt ist.
Bonken: An-/Aufspringen auf ein Hindernis.
Bottom-Trick: Freestylemanöver auf der Piste.
Buckle: Schnalle einer Softbindung.
Bump: (Schnee-)Buckel.

C

Canting: Aufkanten des Fußes durch Bindungskeile.
Carven: Auf der Kante fahren.
Cliff: Felskante.
Coping: Obere Kante einer Halfpipe.
Contest: Wettbewerb.
Cruising: Einfach nur Fahren.
Cut: Qualifikationslimit in einem Wettbewerb.

D

Downhill: Abfahrt.
Drifting: Rutschen.
Drop-in: Einfahren in die Halfpipe.
Duckstance: Standposition auf dem Board, bei der die Fußspitzen gegenläufig nach außen zeigen.

E

Edge: Kante (eines Boards, einer Schanze, einer Wächte usw.).

F

Fakie: Rückwärts fahren.
Flat: Ebene zwischen den Wänden in einer Halfpipe.
Flex: Biegeverhalten eines Boards.
Flip: Salto.
Frontside: Zehenkante.

G

Gate: Torstange bei einem Slalomwettbewerb.
Goofy: Standposition auf dem Board mit dem rechten Fuß vorn.
Grab: Greifen des Boards im Sprung.

H

Halfpipe: Halbe Röhre aus Schnee.
Handplant: Handstand auf dem Coping.
Hang-up: Hängenbleiben am Coping.
Heat: Durchgang in einem Wettbewerb.
Heelcup: Fersenaufnahme in einer Softbindung.
Heeledge: Fersenkante.
Highback: Hochgezogener Bindungsschaft einer Softbindung.
Hiking: Aufstieg ohne Liftbenutzung.
Hip: Schanze, bei der Absprung und Landung in einem Winkel zueinander stehen.
Hit: Manöver, Sprung.

I

Inserts: Gewindehülsen im Deck des Boards zur Aufnahme der Bindungsbolzen.
Invert: (Sprung-)Manöver, bei denen das Board über Kopfhöhe ist.

J

Jam: Gekonntes Fahren.
Judge: Preisrichter.
Jump: Sprung.

K

Kick: Aufbiegung.
Kicker: Absprungbereich einer Schanze oder Halfpipe.
Kneepads: Knieschützer.

L

Leash: Fangriemen zur Verbindung von Boarder und Board.
Liner: Innenschuh eines Softboots.
Lip: Kante (einer Halfpipe, Schanze, Wächte usw.).

M

Mogul: (Schnee-)Buckel.
Nose: Boardspitze.
Nose-Kick: Aufbiegung der Schaufel.

N

Nose-Turn: Drehung über die Boardspitze.

O

Obstacle: Hindernis; auch Wettbewerb, bei dem Hindernisse zu bewältigen sind. Herkömmliche Bezeichnung für das Boardercross lautet entsprechend Obstacle-Course.
Off the lip: Drehung an/auf einer Schneekante.
Ollie: Gerader Sprung ohne Geländehilfe.
Outline: Umriss eines Boards.

P

Plattform: Ebene zu beiden Seiten einer Halfpipe.
Powdern: Fahren im Tiefschnee.
Pushing: Beschleunigung des Boards durch In-die-Knie-Gehen.

Q

Quarterpipe: Viertelröhre aus Schnee.

R

Rad: Radikal.
Ramp: Schanze.
Regular: Standposition auf dem Board mit dem linken Fuß vorn.
Rippen: Das besondere Gefühl, wenn's gut läuft und einfach nur Spaß bringt.
Rocker: Aufbiegung des Boardhecks.
Ruts: Die Spurrillen in ausgefahrenen Slalompisten.

S

Scoop: Aufbiegung der Boardspitze.
Shape: Form eines Boards, einer Schanze oder Halfpipe.
Shredden: Einfach nur Fahren.
Sidecut: Taillierung eines Boards.

Slam: Sturz.
Sliden: Rutschen.
Slope Style: Wettbewerbsform, bei der eine Kür über Hindernisse und Rampen gefordert ist.
Slush: Schwerer, nasser Schnee.
Snaken: Drängeln.
Spin: Rotation.
Speeden: Schnelles Fahren.
Stance: Standposition auf dem Board.
Stiffy: Beide Beine sind im Sprung gestreckt.
Style: Der individuelle Stil beim Fahren oder Springen.
Switchstance: Änderung der Fahrtrichtung.

T

Tail: Heck eines Snowboards.
Tail-Kick: Aufbiegung des Boardhecks.
Toe-Edge: Zehenkante.
Track: (Fahr-)Spur.
Transition: Seitliche Rundung/Aufbiegung einer Halfpipe vom Flachstück zur Wand.
Tuck: Beinbeugung.
Tuning: Boardpflege.
Turn: Bogen.
Tweak: Verdrehung im Sprung.
Twintip: Identische Form von Heck und Schaufel eines Boards.
Twist: Drehung im Sprung.

V

Vert: Senkrechter Teil in einer Halfpipe.

W

Wall: Seite einer Halfpipe.
Wheelie: Fahren nur auf Heck oder Schaufel des Boards.
Winddrift: Schneewächte.
Wristguard: Handgelenkschützer.

ANHANG

Literatur

Abendroth, U. (1998). Fürs Glück im Schnee lernen Snowboarder zu fallen wie Judoka. Ärzte Zeitung, 24, 30.

Ammann, W., Buser, O. & Vollenwyder, U. (1997). Lawinen. Basel.

Anderson, B. (1994). Stretching. Augsburg.

Blum, B., Wöllzenmüller, F. (1985). Stretching. Bessere Leistungen in allen Sportarten. Oberhaching.

Chorlton, J. (1999). Fit to ride. www.snowboarding-online.com\instruction\99\FitToRide.html

Crane, L. (1996). A complete history of snowboard halfpipe. www.Snowboarding-online.com\instruction\96\SnowboardHalfpipeHistory.html

Crane, L. (1996). Snowboard history timeline part 2 (1980's). www.snowboarding-online.com\instruction\96\SnowboardHistoryPart2.html

Crane, L. (1996). Snowboard history timeline part 3 (1990's). www.snowboarding-online.com\instruction\96\SnowboardHistoryPart3.html

Crane, L. (1999). Snowboard history timeline part 1 (1960's-70's). www.snowboarding-online.com\instruction\99\SnowboardHistoryPart1.html

Csikszentmihalyi, M. (1992). Flow – Das Geheimnis des Glücks. Stuttgart.

Dann, K. & Kristen, K-H. (1999). Snowboard-Sicherheitstips. www.gerryring.com\m_sicherheitstips.html

Deutscher Verband für das Skilehrwesen e.V. (Hrsg.) (1998). Lehrplan Snowboarding. München.

Eidgenössisches Institut für Schnee- und Lawinenforschung (Hrsg.) (1999). Interpretationshilfen zum nationalen Lawinenbulletin des Eidgenössischen Instituts für Schnee- und Lawinenforschung. Davos. www.wsl.ch\slf\avalanche\interpret-de.html

Fässler, P. (1998). Snowboarding Emmental. Unveröffentlichte digitale Dokumentation. Konolfingen.

Gibbins, J. (1997). Das ist Snowboarden. Bielefeld.

Grunert, H. (1998). Die Munter Methode. www.ski-online.de\lawinen\munter.html

Hansen, C. (1997). What to wear to tear: The secret to layering. www.snowboarding-online.com\instruction\97\WhatToWear.html

Körndle, H. (1993). Automatisierung als Phänomen der Passung zwischen Organismus und Umwelt. R. Daugs & K. Blischke (Hrsg.) Aufmerksamkeit und Automatisierung in der Sportmotorik. Sankt Augustin, (S. 168-176).

Lange, H., Leist, K.-H. & Loibl, J. (1986). Zur Bedeutung der Körpererfahrung für das motorische Lernen. J. Bielefeld, (Hrsg.) Körpererfahrung. Göttingen, (S. 59-81).

Larcher, M. (1999). Stop or go. Berg und Steigen 8, 4, 21-27.

Lawinenwarndienst Bayern (Hrsg.) (1999). Ratschläge für Tourengeher. www.lawinenwarndienst.bayern.de\rat.htm

Loibl, J. (2000). Integrieren statt Isolieren. Üben in komplexen Bewegungszusammenhängen. Friedrich Jahresheft XVIII, 98-100.

Müssig, P. (1997). Snowboard professional. Technik, Taktik, Trainingstips. Stuttgart.

Müssig, P. (1999^2). Snowboard basics. Training, Technik, Ausrüstung. Stuttgart.

Munter, W. (1998^2). 3 x 3 Lawinen – Entscheiden in kritischen Situationen. Ottobrunn.

Nagel, V. (1995). Sportartübergreifende Vermittlung. Sportpädagogik, 19, 5, 60-64.

N. N. (1998). Lawinen. Prophylaxe & Co. www.snowmag.de\snowmag\archiv\1998\lawine\lawine1.html, lawine2.thml, lawine3.html, lawine4.html, adressen.html

N.N. (1999). History of snowboarding. www.powderhousen.com\pages\basics_history.html

N.N. (1999). Die Wettkampf-Disziplinen. www.planet-snowboard.com\ssba\disciplines.htm

N.N. (1999). Tune your board. www.snowboarden.at\tune1.html

Ring, G. (1999). Rules. www.gerryring.com\rules.html

Ring, S. (1999). Avalanche knowledge. www.powderhousen.com\pages\basics_avalanche_basic.html

Schmidt, R. A. (1975). A Schematheory of Discrete Motor Skill Learning. Psychological Review, 82, 225-260.

Schmidt, R. A. (1988). Motor and action perspectives on motor behavior. O. G. Meijer & K. Roth (Hrsg.) Complex movement behavior: „The" motor action controversy (pp. 3-44). Amsterdam.

Schweizer Alpen Club (Hrsg.) (1999). Unfallverhütung. www.sac-cas.ch\rettung\d\unfallverhuetung.htm

Sosienski, S. (1997). The rules of riding out of bounds. www.snowboarding-online.com\instruction\97\OutbackRules.html

Steiner, G. (1988). Lernen. Bern, Stuttgart, Toronto.

Sternad, D. (1989^3). Richtig Stretching. München.

Tiwald, H. (1984). Budo-Ski. Ahrensburg b. Hamburg.

T-Line (Hrsg.) (1999). Board tuning. www.powderhousen.com\pages\basics_boardtuning.html

Trebels, A. H. & Funke-Wieneke, J. (1997). Zum Erfahrungs- und Lernfeld „Bewegen auf Rollen und Rädern". Sportpädagogik, 21, 3, 24-26.

Weiß, C. (1996). Snowboarding Experts. München, Wien, Zürich.

Weywar, A. (1983). Beiträge zur organischen Bewegungsanalyse. Ahrensburg b. Hamburg.

Wiemeyer, J. (1997). Bewegungslernen im Sport. Motorische, kognitive und emotionale Aspekte. Darmstadt.

Wulf, G. (1992). Neuere Befunde zur Effektivierung des Bewegungslernens. Sportpsychologie, 1, 6, 12-16.

Zimmer, A. C. & Körndle, H. (1988). A modell for hierarchically ordered schemata in the control of skilled motor action. Gestalt Theory, 10, 85-102.

Bildnachweis

Umschlaggestaltung: Jens Vogelsang, Aachen
Fotos: Andreas Hebbel-Seeger
Fotos Seite: 3, 5, 8, 10, 16, 17, 23, 25, 26, 28, 37, 38, 40, 41, 44, 45, 47, 51, 52, 56, 62, 65, 72, 106, 109, 119, 120, 133, 140, 158, 161, 165, 174 Nitro-Snowboards
Fotos Seite: 9, 117 Kay Freitag
Foto Seite: 163 Sebastian Gogl
Foto Seite 58: K2
Fotos (Umschlag): U 1 – dpa Picture-Alliance GmbH, Frankfurt; U 4 – Nitro-Snowboards
Abbildungen Seite: 13, 14, 21 (Foto) Peter Fässeler
Grafiken: Andreas Hebbel-Seeger

Die interaktive CD zum Buch

Guide to Ride – die interaktive CD zum Buch führt Schritt für Schritt in die Praxis des Snowboardens ein. Von den First Steps über das Schwingen bis hin zu Freestyletechniken und Hilfestellungen für die Benutzung von Liftanlagen sind alle Inhalte multimedial aufbereitet.

Kommentierte Videos mit Texteinblendungen veranschaulichen in Ergänzung zu den Ausführungen im Buch die wesentlichen Elemente der jeweiligen Bewegungsabläufe. Eine steuerbare Zeitlupenfunktion bietet dabei die Möglichkeit, jedes kleinste Detail der Bewegung zu studieren.

Übungsvorschläge, die das Erlernen der vorgestellten Bewegungsabläufe unterstützen, lassen sich in Form eines „Spickzettels" für den Gebrauch auf der Piste ausdrucken.

Über ein spezielles Eingabefeld kann der Buchtext nach Stichwörtern durchsucht werden.

So geht's:

CD in das CD-ROM-Laufwerk einlegen. Sofern die Autostartfunktion aktiviert ist, startet das Programm automatisch. Ansonsten im Windows-Menü „Arbeitsplatz" das entsprechende CD-ROM-Laufwerk aufrufen und die Datei „Start.exe" ausführen.

Das Programm muss nicht installiert werden, sondern ist direkt von der CD-ROM aus lauffähig. Vorausgesetzt wird jedoch die Installation des Quicktime Players (ab Version 4.0). Sollte Quicktime nicht auf dem System vorhanden sein, erscheint beim Start eine entsprechende Fehlermeldung. In diesem Fall über den Windows Explorer den Ordner „QuickTimeInstaller" auf der CD öffnen und die Installationsroutine starten.

Als besonderes Extra befindet sich auf der CD ein „Guide2Ride"-Bildschirmschoner. Zur Installation des Bildschirmschoners über den Windows Explorer den Ordner „Screensaver" öffnen und die Datei „Install.exe" ausführen.

Systemanforderungen:

Pentium II, 200 Mhz, 32 MB Ram, 20x CD-ROM-Laufwerk, 16 MB Grafikkarte, Soundkarte, Windows 98/Me/NT/2000/XP, Quicktime-Player (auf CD).

Das Programm wurde ausgezeichnet
mit der Nominierung für den edut@in-Preis 2001
(Beste Lehr-/Lernsoftware für Schule, Beruf und Freizeit).